Time Hacking pour les entrepreneurs

Guide de démarrage rapide pour doubler votre productivité et profiter d'une vie équilibrée grâce à des stratégies de gestion du temps pratiques et éprouvées

Par : Alex Bradley

Copyright Silver Valley Publishing 2024 - Tous droits réservés.

Le contenu de ce livre ne peut être reproduit, dupliqué ou transmis sans l'autorisation écrite de l'auteur ou de l'éditeur.

En aucun cas, l'éditeur ou l'auteur ne pourra être tenu responsable de dommages, de réparations ou de pertes monétaires dus à l'information contenue dans ce livre. Que ce soit directement ou indirectement. Vous êtes responsable de vos propres choix, actions et résultats.

<u>Avis juridique :</u>

Ce livre est protégé par le droit d'auteur. Il est réservé à un usage personnel. Vous ne pouvez pas modifier, distribuer, vendre, utiliser, citer ou paraphraser une partie du contenu de ce livre sans l'accord de l'auteur ou de l'éditeur.

<u>Avis de non-responsabilité :</u>

Veuillez noter que les informations contenues dans ce document sont uniquement destinées à des fins éducatives et de divertissement. Tous les efforts ont été déployés pour présenter des informations exactes, à jour, fiables et complètes. Aucune garantie de quelque nature que ce soit n'est déclarée ou implicite. Les lecteurs reconnaissent que l'auteur ne s'engage pas à fournir des conseils juridiques, financiers, médicaux ou professionnels. Le contenu de ce livre provient de diverses sources. Veuillez consulter un professionnel agréé avant d'essayer les techniques décrites dans ce livre.

En lisant ce document, le lecteur accepte qu'en aucun cas l'auteur ne soit responsable des pertes, directes ou indirectes, résultant de l'utilisation des informations contenues dans ce document, y compris, mais sans s'y limiter, les erreurs, les omissions ou les inexactitudes.

*"Le temps est plus précieux que l'argent.
Vous pouvez obtenir plus d'argent, mais
vous ne pouvez pas obtenir plus de temps."*
- Jim Rohn

Table des matières

Introduction 11
    Qu'est-ce que j'en sais ? 12
    Un voyage qui en vaut la peine............................... 12

Chapitre 1 : La crise de la gestion du temps 14
    Comprendre le problème 14
    Symptômes d'une mauvaise gestion du temps 14
    Conséquences sur la vie professionnelle et personnelle ... 15
    Renverser la vapeur 15
    Construire une base solide 16

Chapitre 2 : Poser les bases 17
    Objectifs et priorités 17
    Fixer des objectifs SMART 17
    Déterminer les objectifs appropriés 18
    Approche des objectifs SMART 19
    La matrice Eisenhower 20
    La méthode ABCDE 21
    La méthode MoSCoW 22
    Construire ses fondations 22

Chapitre 3 : Planification quotidienne 24
    Le pouvoir de la planification 24
    Rituels du matin 24
    Gérer les interruptions 25
    Réviser et ajuster 25
    Créer un élan 26

Chapitre 4 : Maîtriser le blocage du temps 27

Qu'est-ce que le blocage du temps ?..................................27

Les avantages du blocage du temps..........................27

Démarrer avec le blocage du temps.............................28

Exemple : Blocage du temps 29

Utilisation d'outils et d'applications.............................30

Examen des outils de blocage du temps 30

Conseils pour un blocage efficace du temps 30

Surmonter les défis..32

Techniques avancées de blocage du temps 32

Chapitre 5 : Maîtriser la délégation et l'externalisation.......34

L'importance de la délégation.......................................34

Identifier les tâches à déléguer 34

Exemple : La délégation en action 35

Trouver les bonnes personnes 35

Une communication efficace...36

Renforcer l'autonomie de votre équipe 37

Tirer parti de la technologie pour l'externalisation...........38

Surmonter les défis de la délégation 38

Amélioration continue..39

Chapitre 6 : Tirer parti de la technologie et des outils.........43

Le rôle de la technologie dans la productivité...............43

Automatiser les tâches de routine 43

Exemple : L'automatisation en action 44

Renforcer la communication et la collaboration............44

Revue : Outils de gestion de projet...............................45

Données et analyses 46

Applications de productivité 47

Cybersécurité 47

Adopter les nouvelles technologies 48

Chapitre 7 : Trouver un équilibre entre vie professionnelle et vie privée 50

L'importance de l'équilibre entre vie professionnelle et vie privée 50

Reconnaître les signes de déséquilibre 50

Fixer des limites 51

Priorité à l'autosoin 52

Gérer efficacement son temps 53

Faire place à la flexibilité 54

Concilier famille et travail 54

Préserver la santé mentale 55

Chapitre 8 : Vaincre la procrastination 57

Comprendre la procrastination 57

Pourquoi nous remettons à plus tard 57

Techniques pour vaincre la procrastination 58

Exemple : Décomposer une tâche 59

Rester motivé 60

Stratégies à long terme 60

Exemple : Utiliser la responsabilisation pour vaincre la procrastination 61

Chapitre 9 : Techniques avancées de gestion du temps 62

Le principe de Pareto (règle des 80/20) 62

Application du principe de Pareto 62

Exemple : Maximiser l'impact avec le principe de Pareto 63

La technique Pomodoro 63

Comment utiliser la technique Pomodoro 63

Exemple : La technique Pomodoro 64

Blocage du temps pour un travail en profondeur 64

Mise en œuvre de blocs de temps de travail en profondeur
.... 64

La règle des deux minutes 65

Mise en lots de tâches similaires 65

Exemples de mise en lots de tâches 65

La règle 1-3-5 65

Utiliser la technologie pour améliorer la gestion du temps
.... 66

Amélioration continue 66

Exemple : Amélioration continue de la gestion du temps 67

Chapitre 10 : Mesurer et ajuster votre approche 68

Suivi des progrès 68

Outils de suivi du temps 68

Création d'un journal de bord 69

Évaluation de la productivité 69

Exemple : Suivi du temps 70

Ajuster votre approche 70

Examens réguliers 71

Exemple : Examens réguliers 71

Faire place à la flexibilité 72

Exemple : Flexibilité dans la gestion du temps 72

Chapitre 11 : Stratégies de gestion du temps à long terme 73

Construire des habitudes productives 73

Étapes à suivre pour développer des habitudes productives 73

Exemple : Prendre l'habitude de lire 74

Maintenir un état d'esprit positif 74

Exemple : Maintenir un état d'esprit positif 75

Amélioration continue 75

Exemple : Amélioration continue 76

Se concentrer sur les activités à haute valeur ajoutée 76

Exemple : Se concentrer sur les activités à haute valeur ajoutée 77

Concilier vie professionnelle et vie privée 77

Exemple : Concilier vie professionnelle et vie privée 78

Faire place à la flexibilité 78

Exemple : Accepter la flexibilité 79

Conclusion 80

Le voyage de la gestion du temps 80

Étapes pratiques pour mettre en œuvre ce que vous avez appris 80

Le marathon de la gestion du temps 82

Dernières réflexions 82

Remerciements 83

Annexe : Ressources et références 84

Références 84

Outils et applications 84

Modèles et feuilles de travail 85

A propos de l'auteur 97

Introduction

Le temps est la seule ressource véritablement limitée. En tant qu'entrepreneur, cette réalité frappe plus fort qu'un triple expresso un lundi matin. Lorsque vous jonglez avec les réunions, gérez des équipes et essayez de trouver un moment pour respirer, vous pouvez avoir l'impression que le temps vous file entre les doigts. Ce livre n'est pas seulement un guide théorique, mais une boîte à outils pratique pour reprendre votre vie en main et maîtriser l'art de la gestion du temps.

Pourquoi une mère de jumeaux vivant à la campagne écrirait-elle un livre sur la gestion du temps des entrepreneurs ? Mon parcours m'a menée de Long Island à San Francisco et des bureaux d'entreprise aux champs de culture. Les défis auxquels j'ai été confrontée tout au long de mon parcours sont les mêmes que ceux auxquels beaucoup d'entre vous doivent faire face. J'ai créé des entreprises tout en gérant le chaos de la vie familiale et les exigences de l'entrepreneuriat. Mon objectif est de partager des stratégies pratiques qui fonctionnent dans le monde réel, que ce soit dans un bureau en hauteur ou dans votre bureau à domicile, qui peut également servir de salle de jeux si vous êtes comme moi.

À la fin de ce livre, vous disposerez d'un ensemble complet d'outils pour doubler votre productivité et consacrer plus de temps à ce qui compte vraiment. Imaginez que vous terminez votre journée de travail en sachant que vous avez accompli tout ce qui figurait sur votre liste de tâches et que vous avez encore le temps de dîner avec votre famille ou de vous adonner à votre passe-temps favori. Ce n'est pas une chimère ; c'est réalisable avec les bonnes stratégies et le bon état d'esprit.

Nous allons aborder un large éventail de sujets, notamment la planification quotidienne, le blocage du temps, la technique Pomodoro et le principe de Pareto. En outre, dans l'annexe, vous aurez accès à des feuilles de travail conçues pour vous aider à atteindre vos objectifs en matière de gestion du temps. Tout au long de cet ouvrage, vous apprendrez à identifier et à éliminer les distractions, à déléguer efficacement et à tirer parti de la technologie pour améliorer votre productivité. Que vous ayez une longue expérience en tant qu'entrepreneur ou que vous débutiez, les connaissances partagées vous aideront à maximiser votre temps et à améliorer votre efficacité.

Que sais-je à ce sujet ?

Élevée dans une ferme, j'ai appris très tôt la valeur du travail. Mais lorsque je suis entrée dans le monde de l'entreprise, j'ai pleinement réalisé l'importance de travailler intelligemment. Avec des diplômes d'études supérieures en poche et plus d'une décennie d'expérience entrepreneuriale, j'ai connu les hauts et les bas de la création d'entreprises tout en conciliant ma vie de famille. Mes voyages, y compris les périodes d'aventure à plein temps avec ma famille, m'ont donné une perspective unique sur la gestion du temps dans des environnements, des cultures et même des fuseaux horaires différents.

Lorsque je ne suis pas en train d'écrire ou de gérer mon entreprise, vous me trouverez en train de jardiner, de courir après mes jumeaux ou de profiter d'un moment de calme avec un bon livre. Vivre et travailler de cette façon m'a appris l'importance de la simplicité et de la pleine conscience, des leçons qui font partie de la trame de ce livre.

Un voyage qui en vaut la peine

Se lancer dans la maîtrise de son temps est l'une des entreprises les plus gratifiantes que l'on puisse entreprendre. Il ne s'agit pas seulement de cocher des tâches sur une liste ; il s'agit de se réapproprier sa vie et de consacrer du temps à ce qui compte vraiment. Commençons ce voyage ensemble, en vous donnant les connaissances et les outils nécessaires pour transformer la façon dont vous gérez votre temps et, en fin de compte, votre vie.

Plongeons maintenant au cœur de la gestion du temps, en commençant par comprendre la crise qui frappe de nombreux entrepreneurs.

Chapitre 1 : La crise de la gestion du temps

Comprendre le problème

La gestion du temps est un défi universel qui hante les entrepreneurs de toutes sortes. Imaginez que vous commenciez votre journée avec les meilleures intentions du monde, mais que vous soyez emporté par une avalanche de courriels, de réunions impromptues et de crises imprévues. Lorsque la poussière retombe, c'est déjà le soir et votre liste de tâches semble plus longue que lorsque vous avez commencé. Cela vous semble familier ? Vous n'êtes pas seul.

De nombreux entrepreneurs sont confrontés quotidiennement à ce même scénario, qui les conduit au stress, à l'épuisement et à un sentiment constant de rattrapage. Le problème ne vient pas d'un manque d'efforts, mais souvent d'un manque de stratégie. Sans un plan solide, même les entrepreneurs les plus déterminés peuvent être pris au piège dans un cycle d'activité sans productivité.

Symptômes d'une mauvaise gestion du temps

Reconnaître les signes d'une mauvaise gestion du temps est le premier pas vers une amélioration. Voici quelques symptômes courants :

Manquer constamment des échéances : Si les délais ressemblent plus à des suggestions qu'à des mandats, c'est un signe clair que votre gestion du temps a besoin d'être améliorée.

Se sentir submergé : La liste interminable des choses à faire peut vous donner l'impression de vous noyer dans les tâches.

Manque de concentration : Les distractions fréquentes et l'incapacité à se concentrer sur une seule tâche peuvent nuire considérablement à la productivité.

Procrastination : Le fait de retarder des tâches importantes au profit d'activités moins critiques est un signal d'alarme majeur.

L'épuisement professionnel : Le stress chronique et l'épuisement sont des indicateurs qui montrent que vous vous éparpillez.

Conséquences sur la vie professionnelle et personnelle

Une mauvaise gestion du temps peut avoir des effets dévastateurs. Pour votre entreprise, cela peut se traduire par des occasions manquées, une efficacité réduite et une baisse des résultats. Les projets prennent du retard, les clients sont mécontents et la qualité de votre travail s'en ressent. Sur le plan personnel, les conséquences peuvent être encore plus graves. Le stress et l'épuisement professionnel peuvent entraîner des problèmes de santé, des relations tendues et une diminution de la qualité de vie.

Une gestion efficace du temps ne consiste pas seulement à faire entrer davantage de tâches dans votre journée, mais aussi à consacrer du temps à ce qui compte vraiment. En prenant le contrôle de votre temps, vous pouvez mieux équilibrer votre vie professionnelle et votre vie personnelle, ce qui se traduit par une plus grande satisfaction et une plus grande réussite dans les deux domaines.

Renverser le cours des choses

La bonne nouvelle, c'est qu'une mauvaise gestion du temps n'est pas une condamnation à perpétuité. Avec les bonnes stratégies et les bons outils, vous pouvez reprendre le contrôle de votre temps et transformer votre routine quotidienne. Dans les chapitres suivants, nous explorerons des techniques qui vous aideront à jeter les bases d'une gestion du temps efficace, depuis la définition d'objectifs et de priorités clairs jusqu'à la maîtrise de la productivité quotidienne.

Construire une base solide

Avant d'explorer des stratégies spécifiques, il est essentiel de comprendre les principes fondamentaux. L'art de fixer des objectifs et des priorités constitue le fondement de toute stratégie de gestion du temps réussie. Même les outils de planification les plus efficaces ne peuvent réussir que si les objectifs et les priorités sont clairs.

Chapitre 2 : Poser les bases

Objectifs et priorités

Se fixer des objectifs, c'est un peu comme tracer un cap pour son navire ; sans eux, on dérive sans but, quels que soient les vents favorables. En tant qu'entrepreneur, des objectifs clairs guident vos efforts et vous aident à mesurer vos progrès. Ils vous donnent une orientation, vous motivent à relever les défis et vous donnent un sentiment d'accomplissement lorsque vous les atteignez.

Imaginez que vous commenciez chaque journée avec une vision claire de vos objectifs. Vous travaillez de manière proactive à la réalisation de vos objectifs au lieu de vous contenter de réagir à tout ce qui se présente. Ce changement d'état d'esprit peut transformer votre productivité et améliorer considérablement votre efficacité.

Une fois vos objectifs définis, l'étape suivante consiste à les classer par ordre de priorité. Toutes les tâches ne sont pas égales ; certaines auront un impact beaucoup plus important que d'autres sur votre réussite. Une hiérarchisation efficace vous permet de concentrer votre temps et votre énergie sur ce qui compte vraiment.

Fixer des objectifs SMART

Il est essentiel de se fixer des objectifs, mais des objectifs SMART garantissent leur efficacité. Les objectifs SMART sont :

- **Spécifique** : Définissez clairement ce que vous allez réaliser. Évitez les objectifs vagues. Un objectif spécifique répond à la question : Qui est concerné ? Qu'est-ce que je veux accomplir ? Où cela se passera-t-il ? Pourquoi cet objectif est-il important ?

- **Mesurable** : Établir des critères pour mesurer les progrès accomplis. Un objectif quantifiable répond à des questions telles que : Combien ? Combien ? Comment saurai-je que l'objectif a été atteint ?

- **Réalisable** : Veillez à ce que votre objectif soit réaliste et réalisable. Il doit vous mettre au défi tout en restant possible. Posez-vous la question : Comment puis-je atteindre cet objectif ? De quelles ressources et compétences ai-je besoin ?

- **Pertinent** : Votre objectif doit être important pour vous et correspondre à d'autres objectifs pertinents. Il doit être utile et correspondre à vos autres efforts et à vos plans à long terme. Posez-vous la question : Cet objectif est-il pertinent par rapport à mes objectifs généraux ?

- **Limité dans le temps** : Fixez une date limite pour la réalisation de votre objectif. Un objectif limité dans le temps répond aux questions suivantes : Quand ? Que puis-je faire dans six semaines ? Que puis-je faire dans six mois ? Que puis-je faire aujourd'hui ?

Déterminer les objectifs appropriés

Pour déterminer les objectifs appropriés, il convient de suivre les étapes suivantes :

1. **Réfléchissez à votre vision et à votre objectif** : Commencez par votre vision à long terme. Que voulez-vous réaliser en fin de compte dans votre entreprise et dans votre vie personnelle ? Comprendre votre but vous aidera à fixer des objectifs significatifs.

2. **Effectuez une analyse SWOT** : Identifiez vos forces, vos faiblesses, vos opportunités et vos menaces. Cette analyse vous aide à comprendre où vous vous situez actuellement et quels sont les domaines à améliorer ou à exploiter.

3. **Décomposer les objectifs à long terme** : Une fois que vous avez une vision à long terme, décomposez-la en objectifs plus petits et réalisables. Supposons, par exemple, que votre objectif à long terme soit de développer votre entreprise à l'international. Dans ce cas, un objectif à court terme pourrait consister à rechercher des marchés potentiels.

4. **Aligner les objectifs sur les valeurs et les priorités** : Veillez à ce que vos objectifs correspondent à vos valeurs fondamentales et à vos priorités. Cet alignement vous permettra de rester motivé et concentré.

5. **Cherchez à obtenir un retour d'information** : Discutez de vos objectifs avec des mentors, des pairs ou des conseillers de confiance. Ils peuvent vous fournir des informations précieuses et vous aider à affiner vos objectifs pour les rendre plus réalisables et plus pertinents.

Approche des objectifs SMART

Une fois que vous avez défini vos objectifs SMART, abordez-les de manière méthodique :

1. **Créer un plan d'action** : Divisez chaque objectif en tâches plus petites et créez un plan d'action détaillé. Précisez ce qui doit être fait, par qui et quand. Ce plan vous servira de feuille de route.

2. **Fixer des jalons** : Établissez des jalons pour suivre vos progrès. Les jalons sont des points de contrôle plus petits dans le calendrier de votre objectif qui vous aident à rester sur la bonne voie et à faire des ajustements si nécessaire.

3. **Attribuer des ressources** : Identifiez les ressources dont vous avez besoin pour atteindre vos objectifs. Il peut s'agir de temps, d'argent, d'outils ou de compétences. Assurez-vous que

vous disposez de ces ressources ou que vous pouvez les acquérir.

4. **Restez responsable** : Faites part de vos objectifs à quelqu'un qui peut vous en rendre compte, comme un mentor ou un partenaire de responsabilisation. Des contrôles réguliers vous permettront de rester motivé et concentré.

5. **Suivez vos progrès** : Utilisez des outils tels que des applications de suivi du temps, des tableaux de progression ou des journaux pour suivre vos progrès. Examinez régulièrement vos progrès et adaptez votre plan d'action si nécessaire.

6. **Célébrez vos réussites** : Célébrez vos étapes et vos réussites, aussi petites soient-elles. Cette reconnaissance stimule le moral et vous motive à continuer à travailler pour atteindre vos objectifs.

La matrice Eisenhower

La matrice d'Eisenhower, également connue sous le nom de matrice Urgent-Important, est un outil puissant pour hiérarchiser les tâches. Elle classe les tâches en quatre catégories :

Urgent et important : tâches qui requièrent une attention immédiate et qui contribuent à la réalisation de vos objectifs à long terme. Il s'agit de vos priorités absolues.

Important mais pas urgent : Les tâches qui sont cruciales pour le succès à long terme mais qui ne nécessitent pas d'action immédiate. Planifiez ces tâches.

Urgent mais pas important : tâches qui exigent une attention immédiate mais qui ne contribuent pas de manière significative à la réalisation de vos objectifs. Déléguez ces tâches si possible.

Non urgentes et non importantes : tâches qui n'ont que peu ou pas de valeur. Éliminez-les ou réduisez-les au minimum.

L'utilisation de la matrice d'Eisenhower vous aide à prendre des décisions conscientes sur la manière d'investir votre temps, en vous assurant que vous travaillez sur des tâches qui correspondent à vos objectifs.

La méthode ABCDE

La méthode ABCDE, mise au point par Brian Tracy, est une technique simple de hiérarchisation des tâches. Elle consiste à classer les tâches en cinq niveaux de priorité :

A : Les tâches qui doivent être accomplies aujourd'hui. Il s'agit de votre priorité absolue.

B : Tâches à accomplir aujourd'hui. Importantes, mais pas aussi critiques que les tâches A.

C : Tâches qu'il serait agréable de faire aujourd'hui, mais qui n'entraînent aucune conséquence si elles ne sont pas accomplies.

D : Tâches pouvant être déléguées à quelqu'un d'autre.

E : Tâches qui peuvent être totalement éliminées.

En classant quotidiennement vos tâches par catégories, vous vous assurez que les tâches les plus prioritaires sont effectuées en premier. En revanche, les tâches moins prioritaires ne vous distraient pas de ce qui est important.

La méthode MoSCoW

La méthode MoSCoW est une autre technique efficace de hiérarchisation souvent utilisée dans la gestion de projet. Elle permet de classer les tâches en quatre groupes :

Les incontournables : Tâches essentielles qui sont indispensables à votre réussite.

Devrait : Tâches importantes qui devraient être incluses.

Aurait pu : Tâches souhaitables mais facultatives.

Ne pas avoir : Les tâches qui ne sont pas prioritaires et qui peuvent être reportées ou ignorées.

Cette méthode est pratique pour les projets de grande envergure, car elle permet de se concentrer sur ce qui est nécessaire et d'éviter les dérives. En classant les tâches dans les catégories "must have", "should have", "could have" et "won't have", vous pouvez établir des priorités efficaces et vous assurer que vous travaillez toujours sur les tâches les plus importantes.

Construire vos fondations

La définition d'objectifs et de priorités clairs est la boussole d'une gestion efficace du temps. Vous pouvez faire des progrès significatifs en comprenant ce qui est vraiment important et en concentrant vos efforts sur ces domaines. Ce travail de base prépare le terrain pour les techniques de planification et de productivité quotidiennes que nous explorerons ensuite, en vous guidant vers vos objectifs à long terme.

En posant ces bases, vous serez bien équipé pour naviguer dans les complexités de l'entrepreneuriat et vous assurer que votre temps et votre énergie sont investis de la manière la plus efficace.

Chapitre 3 : Planification quotidienne

Le pouvoir de la planification

Une journée bien structurée commence par un plan solide. La planification quotidienne est le lien entre vos objectifs à long terme et vos actions quotidiennes. Elle vous aide à rester concentré, à éviter les distractions et à progresser régulièrement vers vos objectifs. L'essentiel est de commencer chaque journée avec une feuille de route claire de ce que vous voulez réaliser.

Rituels du matin

Les rituels du matin donnent le ton pour le reste de la journée. Les entrepreneurs qui réussissent ont souvent un ensemble d'habitudes qu'ils suivent chaque matin pour se préparer à la productivité. Voici quelques éléments que vous pourriez inclure dans votre routine matinale :

Méditation ou pleine conscience : Consacrez quelques minutes à une réflexion silencieuse pour faire le vide dans votre esprit et fixer vos intentions.

L'exercice : L'activité physique stimule les niveaux d'énergie et améliore la clarté mentale.

Journal : Notez vos objectifs, votre gratitude et vos pensées pour vous concentrer.

Réviser votre plan : Passez en revue votre plan quotidien pour visualiser votre journée et vous assurer que vous êtes prêt à accomplir les tâches qui vous attendent.

Commencer sa journée avec une intention crée un élan positif qui vous permet d'accomplir vos tâches.

Gérer les interruptions

Les interruptions sont inévitables, mais la façon dont vous les gérez peut avoir une incidence considérable sur votre productivité. Voici quelques stratégies pour gérer les interruptions :

Fixez des limites : Faites savoir aux autres quand vous êtes disponible et quand vous ne l'êtes pas. Utilisez des signaux tels que des portes fermées ou des panneaux "ne pas déranger" pour indiquer que vous avez besoin d'un temps ininterrompu.

Planifier la communication : Fixez des heures précises pour vérifier et répondre aux courriels, aux messages et aux appels téléphoniques. Vous éviterez ainsi d'être constamment dérangé et pourrez rester concentré sur vos tâches.

Utilisez la technologie : Des outils tels que des écouteurs anti-bruit ou des applications de concentration peuvent vous aider à minimiser les distractions et à rester dans la zone.

Réviser et ajuster

Prenez quelques minutes pour faire le point sur vos progrès à la fin de chaque journée. Réfléchissez à ce qui s'est bien passé et à ce qui pourrait être amélioré. Sur la base de ces réflexions, ajustez votre plan pour le lendemain. Ce processus d'amélioration continue vous permet d'affiner votre approche et de devenir plus efficace.

Créer un élan

La mise en place d'une routine de planification quotidienne cohérente et l'utilisation de techniques de blocage du temps peuvent créer une dynamique puissante dans votre productivité. En consacrant du temps à vos tâches les plus importantes et en minimisant les interruptions, vous pouvez obtenir plus en moins de temps.

Chapitre 4 : Maîtriser le blocage du temps

Qu'est-ce que le blocage du temps ?

Le blocage du temps est une technique de gestion du temps qui consiste à diviser votre journée en blocs de temps distincts, chacun étant consacré à une tâche ou à une activité spécifique. Contrairement à une simple liste de choses à faire, le blocage du temps vous permet d'allouer des plages de temps dédiées à chaque tâche, ce qui réduit la probabilité de faire plusieurs choses à la fois et vous aide à rester concentré.

Avantages du blocage du temps

Le blocage du temps offre de nombreux avantages qui améliorent considérablement votre productivité et l'équilibre entre votre vie professionnelle et votre vie privée. Il améliore la concentration en réduisant les distractions et renforce l'organisation en structurant efficacement votre journée.

Cette méthode réduit la procrastination en fournissant un emploi du temps clair et augmente la productivité en permettant d'accomplir les tâches plus efficacement. En outre, le blocage du temps favorise un meilleur équilibre entre vie professionnelle et vie privée en allouant du temps à la fois pour le travail et pour les activités personnelles.

Démarrer avec le blocage du temps

La mise en place d'un système de blocage du temps dans votre routine quotidienne nécessite un peu de planification et de discipline. Voici un guide étape par étape pour vous aider à démarrer :

1. **Identifiez vos priorités** : Commencez par identifier vos principales priorités pour la journée, la semaine ou le mois, en tenant compte à la fois des tâches liées au travail et des activités personnelles. Dressez une liste de tout ce qui doit être accompli et classez les tâches en fonction de leur importance et de leur urgence.

2. **Estimez le temps nécessaire** : Estimez le temps nécessaire pour accomplir chaque tâche de votre liste. Soyez réaliste pour éviter de surcharger votre emploi du temps. Il est préférable de prévoir plus de temps que de sous-estimer et de se sentir pressé.

3. **Créez des blocs de temps** : Divisez votre journée en blocs de temps et assignez des tâches à chaque bloc, en prévoyant du temps pour les pauses, les repas et les autres activités nécessaires. Voici un exemple de la façon dont vous pourriez structurer votre journée :

    - **Routine matinale (7h00 - 8h00)** : Exercice, petit-déjeuner et toilette.

- **Bloc de travail 1 (8h00 - 10h00)** : Réponse aux courriels et planification des tâches de la journée.

- **Bloc de travail 2 (10h00 - 12h00)** : Travail ciblé sur un projet prioritaire.

- **Pause déjeuner (12h00 - 13h00)** : Déjeuner et petite promenade.

- **Bloc de travail 3 (13h00 - 15h00)** : Réunions ou collaboration avec les membres de l'équipe.

- **Bloc de travail 4 (15h00 - 17h00)** : Poursuite du travail sur des projets ou des tâches.

- **Routine du soir (17h00 - 19h00)** : Temps en famille et dîner.

- **Temps personnel (19h00 - 21h00)** : Passe-temps, détente ou activités de loisirs.

- **La détente (21h00 - 22h00)** : Préparation au coucher, lecture ou méditation.

Vous trouverez en annexe un planificateur quotidien et un modèle d'emploi du temps. Utilisez-le pour créer des modèles d'emploi du temps et voir comment ils influencent votre routine quotidienne.

Exemple : Blocage du temps

Prenons l'exemple d'Emily, une graphiste indépendante. Elle avait du mal à jongler avec de multiples projets et travaillait souvent tard dans la nuit. En mettant en place un système de blocage du temps, elle a désigné des moments spécifiques pour le travail avec les clients, les tâches administratives et les projets personnels. Cette structure a amélioré sa productivité et lui a permis de profiter de ses soirées sans stress.

Utilisation d'outils et d'applications

Plusieurs outils et applications peuvent vous aider à mettre en œuvre le blocage du temps de manière plus efficace. Parmi les options les plus populaires, citons Google Calendar pour la planification et les rappels, Trello pour l'organisation des tâches et des projets, Notion pour la création de calendriers et le suivi des progrès, et RescueTime pour le suivi de l'emploi du temps et l'identification des points à améliorer.

Examen des outils de blocage du temps

- **Google Calendar** : Idéal pour la planification et les rappels. Il s'intègre aux autres services Google et offre un accès facile sur tous les appareils.

- **Trello** : Parfait pour organiser les tâches et les projets. Ses tableaux visuels et ses listes vous aident à suivre les tâches dans chaque bloc de temps.

- **Notion** : Un outil polyvalent pour créer des calendriers, des listes de tâches et suivre l'avancement des travaux. Il combine des fonctions de prise de notes et de gestion de projet.

- **RescueTime** : suit la façon dont vous passez votre temps et fournit des informations sur votre productivité. Il permet d'identifier les activités qui font perdre du temps et d'améliorer la concentration.

Conseils pour un blocage efficace du temps

Pour tirer le meilleur parti du blocage du temps, voici quelques conseils :

1. **Commencez par une routine matinale** : Commencez votre journée par une routine matinale cohérente afin de donner un ton positif au reste de la journée. Incluez des activités qui vous donnent de l'énergie, comme l'exercice, la méditation ou un petit-déjeuner sain.

2. **Donner la priorité au travail en profondeur** : Allouez des plages de temps au travail en profondeur, en vous concentrant sur des tâches complexes et à fort impact, sans interruption. C'est généralement à ce moment-là que vous êtes le plus alerte et le plus productif.

3. **Regrouper les tâches similaires** : Regroupez et effectuez des tâches similaires dans un même bloc de temps. Par exemple, réservez un bloc

pour les tâches administratives, comme répondre aux courriels, et un autre bloc pour le travail créatif.

4. **Faites des pauses régulières** : Incorporez des pauses régulières entre les blocs de temps pour vous reposer et vous ressourcer. De courtes pauses permettent d'éviter l'épuisement et de maintenir la productivité tout au long de la journée.

5. **Soyez flexible** : S'il est important de respecter son emploi du temps, il faut aussi faire preuve de souplesse et s'adapter si nécessaire. Des événements inattendus peuvent survenir et il est essentiel de s'adapter sans se sentir stressé ou dépassé.

6. **Réviser et ajuster** : Passez en revue vos plages horaires et évaluez votre productivité à la fin de chaque journée ou de chaque semaine. Identifiez les points à améliorer et procédez aux ajustements nécessaires pour optimiser votre emploi du temps.

Surmonter les défis

Le blocage du temps peut être un défi, surtout au début. Voici quelques obstacles courants et comment les surmonter :

1. **Interruptions et distractions** : Fixez des limites claires et communiquez votre emploi du temps aux autres. Utilisez des outils tels qu'un

casque anti-bruit ou un espace de travail calme pour réduire les distractions.

2. **L'engagement excessif** : Évitez de surcharger votre emploi du temps avec trop de tâches. Concentrez-vous sur ce qui est vraiment important et réaliste à accomplir dans le temps imparti.

3. **Procrastination** : Combattez la procrastination en divisant les tâches en étapes plus petites et plus faciles à gérer. Utilisez des blocs de temps pour créer un sentiment d'urgence et de motivation à accomplir les tâches.

Techniques avancées de blocage du temps

1. **Regroupement des tâches** : Regroupez les tâches connexes pour maximiser l'efficacité. Par exemple, traitez tous vos appels téléphoniques en une seule fois.

2. **Jours à thème** : Attribuez des thèmes spécifiques aux différents jours de la semaine. Par exemple, les lundis sont consacrés aux réunions et les vendredis à la planification et à la révision.

3. **Gestion de l'énergie** : Planifiez vos tâches en fonction de votre niveau d'énergie quotidien. Attaquez-vous aux tâches à forte intensité énergétique lorsque vous vous sentez le plus alerte et réservez les tâches à faible intensité

énergétique lorsque vous vous sentez moins énergique.

Le blocage du temps, une technique de transformation, peut révolutionner votre gestion du temps et stimuler votre productivité. Vous pouvez parvenir à un équilibre harmonieux entre vie professionnelle et vie privée en hiérarchisant les tâches, en structurant votre emploi du temps et en conservant votre capacité d'adaptation. Adoptez le pouvoir du blocage du temps et vous constaterez une augmentation de votre productivité et une diminution de votre niveau de stress, ce qui vous permettra d'avoir une vie personnelle plus épanouie.

Chapitre 5 : Maîtriser la délégation et l'externalisation

L'importance de la délégation

L'un des principaux obstacles auxquels se heurtent les entrepreneurs est leur propension à vouloir tout faire par eux-mêmes. Cet état d'esprit peut conduire à l'épuisement et entraver l'expansion de l'entreprise. La délégation est une compétence essentielle qui vous permet de vous concentrer sur les tâches à fort impact, en tirant parti des forces et de l'expertise des autres. En maîtrisant la délégation, vous pouvez libérer un temps et une énergie précieux pour faire avancer votre entreprise tout en évitant les pièges de l'épuisement et du ralentissement de la croissance.

Une délégation efficace ne consiste pas seulement à se décharger de certaines tâches, mais aussi à confier des responsabilités à d'autres afin de maximiser la productivité et l'efficacité. En tirant parti des compétences et de l'expertise de votre équipe ou de vos partenaires externes, vous pouvez obtenir de meilleurs résultats tout en vous concentrant sur les initiatives stratégiques que vous êtes le seul à pouvoir mener à bien.

Identifier les tâches à déléguer

L'étape initiale et cruciale d'une délégation efficace consiste à identifier les tâches qui peuvent être confiées à d'autres. Ce processus est la pierre angulaire d'une délégation réussie et prépare le terrain pour le reste du parcours. Considérez les catégories suivantes :

- **Tâches répétitives** : Tâches de routine qui ne requièrent pas de compétences uniques ou de capacités de prise de décision. Il s'agit par exemple de la saisie de données, de l'organisation de réunions et de l'établissement de rapports de routine.

- **Tâches spécialisées** : Tâches qui requièrent une expertise en dehors de vos compétences, telles que la comptabilité, le travail juridique, la conception graphique ou l'assistance informatique. Il est souvent préférable de les confier à des spécialistes.

- **Tâches chronophages** : Tâches qui vous prennent beaucoup de temps mais qui pourraient être accomplies plus efficacement par quelqu'un d'autre. Par exemple, la gestion des médias sociaux, l'assistance à la clientèle ou les tâches administratives.

- **Tâches à faible valeur ajoutée** : Activités qui ne contribuent pas directement à vos objectifs principaux ou à la croissance de votre entreprise. Il s'agit notamment de l'organisation des dossiers, de l'entretien courant ou de courses mineures.

Exemple : La délégation en action

Prenons l'exemple de Jane, propriétaire d'une entreprise de commerce électronique en pleine expansion. Elle était débordée par les demandes de service à la clientèle et la gestion des stocks, ce qui lui laissait peu de temps pour la planification stratégique et le marketing. En déléguant le service clientèle à une assistante virtuelle et en externalisant la gestion des stocks à un service d'exécution des commandes, Jane a pu se concentrer sur la croissance de son entreprise, ce qui lui a permis d'augmenter ses ventes de 30 % en l'espace de six mois.

Trouver les bonnes personnes

Pour réussir à déléguer, il faut trouver les bonnes personnes pour prendre en charge les tâches que vous confiez. Qu'il s'agisse d'employés à temps plein, d'entrepreneurs ou d'indépendants, vous devez rechercher des personnes possédant les compétences nécessaires et une solide éthique de travail. Voici quelques conseils pour trouver et sélectionner les candidats :

1. **Définissez des descriptions de poste claires** : Soyez précis quant aux tâches, responsabilités et compétences requises. Une description de poste détaillée permet d'attirer des candidats adéquats et de définir des attentes claires.

2. **Utilisez des plateformes réputées** : Des sites web tels que Upwork, Freelancer et LinkedIn peuvent vous aider à trouver des travailleurs indépendants et des entrepreneurs

qualifiés. Pour les embauches à temps plein, pensez aux sites d'offres d'emploi et aux agences de recrutement.

3. **Menez des entretiens approfondis** : Posez des questions détaillées sur leur expérience, leur style de travail et leur façon de relever les défis. Les questions comportementales posées lors de l'entretien peuvent fournir des indications sur leurs capacités à résoudre des problèmes et sur leur adéquation culturelle.

4. **Vérifiez les références** : Parlez à d'anciens employeurs ou clients pour évaluer leur fiabilité et la qualité de leur travail. Cette étape peut révéler des informations nécessaires sur leurs performances et leur éthique de travail.

Une communication efficace

Une communication claire et efficace est essentielle pour une délégation réussie. Lors de l'attribution des tâches, veillez à fournir :

1. **Instructions détaillées** : Expliquer ce qui doit être fait, le résultat souhaité et toute exigence ou contrainte spécifique. La mise en contexte permet de s'assurer que la tâche est correctement comprise.

2. **Délais** : Fixez des délais clairs pour chaque tâche et assurez un suivi pour veiller à ce qu'ils soient respectés. Soyez réaliste en ce qui concerne les délais et prévoyez une période tampon pour les révisions ou les retards imprévus.

3. **Retour d'information** : Fournissez un retour d'information constructif pour aider la personne à s'améliorer et à mieux comprendre vos attentes. Des séances régulières de retour d'information peuvent favoriser l'amélioration continue et la croissance professionnelle.

4. **Soutien** : Soyez disponible pour répondre aux questions et fournir des conseils si nécessaire. Des contrôles réguliers permettent d'éviter les malentendus et de s'assurer que les tâches restent sur la bonne voie.

Renforcer l'autonomie de votre équipe

La délégation ne consiste pas seulement à confier des tâches, mais aussi à permettre à votre équipe de s'approprier le travail et d'en assumer la responsabilité. Voici quelques moyens de favoriser le sentiment d'appropriation :

1. **Confiance** : Montrez que vous avez confiance en leurs capacités et en leur jugement. Évitez la microgestion et donnez-leur l'autonomie nécessaire pour accomplir les tâches à leur manière.

2. **Encouragement** : Reconnaissez et célébrez leurs réalisations. Le renforcement positif peut stimuler le moral et la productivité.

3. **Possibilités de croissance** : Offrez des possibilités de développement professionnel et d'acquisition de compétences. Cet investissement dans leur développement peut conduire à de meilleures performances et à une plus grande loyauté.

Tirer parti de la technologie pour l'externalisation

À l'ère du numérique, la technologie rend l'externalisation plus facile que jamais. Des outils et des plateformes comme Asana, Trello, Slack et Zoom facilitent la collaboration avec les équipes à distance. Voici quelques moyens de tirer parti de la technologie pour une externalisation efficace :

1. **Logiciel de gestion de projet** : Utilisez des outils comme Asana ou Trello pour assigner des tâches, fixer des échéances et suivre les progrès. Ces plateformes offrent une visibilité sur le calendrier des projets et contribuent à garantir la responsabilisation.

2. **Outils de communication** : Des plateformes comme Slack et Zoom permettent une communication et une collaboration en temps réel. Des réunions virtuelles régulières et des canaux de discussion permettent à chacun de rester aligné et informé.

3. **Partage de fichiers** : Des outils comme Google Drive ou Dropbox facilitent le partage et la collaboration sur les documents et les fichiers. Le stockage centralisé des fichiers garantit que tout le monde a accès aux dernières versions des documents.

4. **Automatisation** : Utilisez des outils d'automatisation pour gérer les tâches répétitives et libérer le temps de votre équipe pour un travail plus stratégique. Par exemple, Zapier peut

automatiser les flux de travail entre différentes applications et services.

Surmonter les difficultés liées à la délégation

Déléguer peut être un défi, surtout si vous avez l'habitude de tout gérer vous-même. Voici quelques défis courants et comment les surmonter :

1. **Lâcher prise** : Faites confiance aux autres pour accomplir les tâches et résistez à l'envie de microgérer. Commencez par déléguer de petites tâches et augmentez progressivement la complexité au fur et à mesure que vous gagnez en confiance.

2. **La peur de l'erreur** : Comprendre que les erreurs font partie de l'apprentissage. Utilisez-les comme des opportunités de croissance et d'amélioration. Fournissez un retour d'information et un soutien pour aider votre équipe à apprendre de ses erreurs.

3. **Investissement en temps** : Former quelqu'un pour qu'il prenne en charge une tâche peut prendre du temps au départ, mais cela vous en fera gagner à long terme. Considérez cela comme un investissement dans l'efficacité future.

Amélioration continue

La délégation est un processus continu. Examinez et évaluez régulièrement les tâches que vous déléguez et les performances de votre équipe. Cherchez à améliorer votre stratégie de délégation, à rationaliser les processus et à renforcer la communication. Cette amélioration continue permettra d'accroître l'efficacité et la productivité au fil du temps.

En maîtrisant la délégation et l'externalisation, vous pouvez vous concentrer sur les activités à fort impact qui font progresser votre entreprise, tout en tirant parti des forces et de l'expertise d'autres personnes pour gérer les tâches routinières et spécialisées. Cela permet d'accroître la productivité et de responsabiliser votre équipe, en favorisant un environnement de travail collaboratif et efficace.

Votre avis fait la différence

"Le temps est gratuit, mais il n'a pas de prix.

- Harvey Mackay

Les personnes qui donnent sans rien attendre en retour mènent une vie plus heureuse et plus épanouie. Alors, si nous avons la possibilité de faire la différence pendant le temps que nous passons ensemble, je suis preneur.

Pour ce faire, j'ai une question à vous poser...

Aideriez-vous quelqu'un que vous n'avez jamais rencontré, même si vous n'en tiriez aucun bénéfice ?

Qui est cette personne, demandez-vous ? Elle est comme vous. Ou, du moins, comme vous l'étiez. Moins expérimenté, désireux de faire bouger les choses, il a besoin d'aide, mais ne sait pas trop où chercher.

Notre mission est de rendre la gestion du temps accessible à tous. Tout ce que je fais découle de cette mission. Et le seul moyen pour moi d'accomplir cette mission est de toucher... eh bien... tout le monde.

C'est là que vous intervenez. La plupart des gens jugent en effet un livre à sa couverture (et à ses critiques).

Voici donc ma demande au nom d'un entrepreneur en difficulté que vous n'avez jamais rencontré :

Aidez ce futur entrepreneur en donnant votre avis sur ce livre.

Votre don ne coûte rien et se concrétise en moins de 60 secondes, mais il peut changer à jamais la vie d'un autre entrepreneur. Votre commentaire pourrait aider...

...un autre propriétaire de petite entreprise à équilibrer son travail et sa vie.

...un entrepreneur de plus pour soutenir sa famille.

...un employé de plus pour mieux gérer son temps.

...un client de plus à transformer son quotidien.

...un autre rêve devenu réalité.

Pour vous sentir bien et aider réellement cette personne, tout ce que vous avez à faire... et cela prend moins de 60 secondes... c'est de laisser un commentaire.

Il vous suffit de cliquer ci-dessous ou de scanner le code QR pour laisser votre avis :

Laissez votre commentaire ici ou scannez le code :

Si vous vous sentez bien à l'idée d'aider un futur entrepreneur anonyme, vous êtes mon genre de personne. Bienvenue au club. Vous êtes l'un des nôtres.

Je suis encore plus enthousiaste à l'idée de vous aider à atteindre vos objectifs plus rapidement et plus facilement que vous ne pouvez l'imaginer. Vous allez adorer les stratégies que je vais partager dans les prochains chapitres.

Je vous remercie du fond du cœur. Revenons maintenant à notre programme habituel.

Votre plus grand fan,

Alex

PS - Fait amusant : si vous fournissez quelque chose de valeur à une autre personne, cela vous rend plus précieux à ses yeux. Si vous souhaitez bénéficier de la bienveillance d'un autre entrepreneur - et si vous pensez que ce livre peut l'aider - envoyez-lui ce livre.

Chapitre 6 : Tirer parti de la technologie et des outils

Le rôle de la technologie dans la productivité

La technologie est essentielle pour améliorer la productivité et l'efficacité dans l'environnement professionnel actuel, qui évolue rapidement. De l'automatisation des tâches routinières à la facilitation d'une communication et d'une collaboration sans faille, les bons outils peuvent considérablement rationaliser vos opérations et vous permettre de vous consacrer à des activités plus stratégiques.

Automatiser les tâches routinières

L'automatisation est l'un des moyens les plus efficaces de stimuler la productivité. L'automatisation des tâches répétitives et chronophages vous permet de vous concentrer sur les activités à forte valeur ajoutée qui stimulent la croissance de l'entreprise. Voici quelques domaines où l'automatisation peut faire une grande différence :

1. **Gestion des courriels** : Utilisez des outils tels que Mailchimp ou Constant Contact pour automatiser les campagnes de courrier

électronique et les suivis. L'automatisation de ces tâches permet d'économiser des heures hebdomadaires et d'assurer une communication cohérente avec votre public.

2. **Gestion des médias sociaux** : Des plateformes telles que Hootsuite ou Buffer vous permettent de programmer et de gérer les posts des médias sociaux sur plusieurs canaux. L'automatisation garantit que votre contenu est publié à des moments optimaux, sans nécessiter d'intervention manuelle constante.

3. **Gestion de la relation client (CRM)** : Les systèmes CRM tels que Salesforce ou HubSpot automatisent les processus de vente et de marketing, suivent les interactions avec les clients et fournissent des informations précieuses. L'automatisation peut améliorer le service à la clientèle et vous aider à identifier et à entretenir efficacement les clients potentiels.

4. **Comptabilité et facturation** : QuickBooks ou FreshBooks automatisent la comptabilité, la facturation et le suivi des dépenses. Ces outils permettent de réduire le temps consacré à la gestion financière et de minimiser les erreurs.

Exemple : L'automatisation en action

Prenons l'exemple de Mike, qui dirige une petite entreprise de vente au détail en ligne. Il a automatisé son marketing par courriel avec Mailchimp et créé une série de courriels de bienvenue et de campagnes promotionnelles. Cette automatisation a permis d'accroître l'engagement des clients et d'augmenter les ventes de 25 %, tout en réduisant le temps que Mike consacrait à la gestion manuelle des courriels.

Améliorer la communication et la collaboration

Une communication et une collaboration efficaces sont essentielles à la réussite d'une entreprise. La technologie offre de nombreux outils pour vous aider à rester en contact avec votre équipe, vos clients et vos partenaires. Voici quelques options populaires :

1. **Gestion de projet** : Asana, Trello et Monday.com sont d'excellents outils pour organiser les tâches, fixer les délais et suivre les progrès. Ces plateformes offrent une vue d'ensemble claire des échéances et des responsabilités liées aux projets.

2. **Communication** : Slack et Microsoft Teams offrent des fonctionnalités de messagerie en temps réel, de partage de fichiers et de vidéoconférence. Ces outils facilitent la communication instantanée et réduisent la nécessité d'envoyer de longs courriels.

3. **Vidéoconférence** : Zoom, Google Meet et Microsoft Teams permettent d'organiser des réunions virtuelles, des webinaires et de collaborer avec des équipes distantes. Les outils de vidéoconférence de haute qualité peuvent combler le fossé entre les interactions en personne et à distance.

4. **Partage de documents** : Google Drive et Dropbox permettent de partager, de modifier et

de collaborer facilement sur des documents et des fichiers. Le stockage centralisé des documents garantit que tous les membres de l'équipe peuvent accéder aux dernières versions.

Revue : Outils de gestion de projet

Asana : Idéal pour les équipes de toutes tailles, Asana vous permet de créer des plans de projet détaillés, d'assigner des tâches, de fixer des délais et de suivre les progrès. Son interface visuelle, qui comprend des tableaux et des calendriers, facilite le suivi de l'état d'avancement des projets.

Trello : Connu pour sa simplicité et sa flexibilité, Trello utilise un système de cartes pour gérer les tâches. Il est particulièrement utile pour les petites équipes ou les projets qui nécessitent un haut degré de personnalisation.

Lundi.com : Cet outil combine la gestion de projet avec des fonctions de collaboration en équipe. Ses flux de travail personnalisables et ses capacités d'intégration conviennent aux projets complexes impliquant plusieurs départements.

Données et analyses

La prise de décision fondée sur les données est essentielle à la réussite d'une entreprise. La technologie fournit des outils d'analyse puissants qui vous aident à recueillir, analyser et interpréter les données pour prendre des décisions éclairées. Voici quelques domaines clés où les données et l'analyse peuvent être bénéfiques :

1. **Analyse du site web** : Google Analytics fournit des informations sur le trafic du site web, le comportement des utilisateurs et les taux de conversion. La compréhension de ces paramètres peut vous aider à optimiser votre site pour en améliorer les performances.

2. **Analyse des médias sociaux** : Des outils tels que Sprout Social et Hootsuite Analytics permettent de suivre les performances et l'engagement sur les médias sociaux. L'analyse des données des médias sociaux peut vous aider à affiner votre stratégie de contenu et à améliorer l'engagement du public.

3. **Analyse des ventes** : Les systèmes CRM offrent des rapports de vente détaillés, un suivi du pipeline et des mesures de performance. L'analyse des ventes permet d'identifier les tendances, de prévoir les ventes futures et d'améliorer les stratégies de vente.

4. **Analyse financière** : Les logiciels de comptabilité fournissent des informations sur les performances financières, les flux de trésorerie et la rentabilité. Une analyse financière régulière peut vous aider à prendre de meilleures décisions en matière de budget et d'investissement.

Applications de productivité

D'innombrables applications de productivité vous aident à rester organisé, à gérer votre temps et à gagner en efficacité. Voici quelques options populaires :

1. **Prise de notes** : Evernote et OneNote vous permettent de capturer et d'organiser des notes, des idées et des listes de tâches. Ces applications peuvent se synchroniser entre les appareils, ce qui vous permet d'accéder à vos notes où que vous alliez.

2. **Gestion du temps** : RescueTime et Toggl vous aident à suivre votre emploi du temps et à identifier les points à améliorer. Ces outils peuvent fournir des rapports détaillés sur vos activités quotidiennes, vous aidant ainsi à gérer votre temps plus efficacement.

3. **Focalisation et concentration** : Des applications comme Focus@Will et Forest vous aident à rester concentré et à éviter les distractions. Ces outils améliorent votre concentration en utilisant des techniques telles que la musique de fond ou la gamification.

4. **Gestion des tâches** : Todoist et Wunderlist sont idéales pour gérer les tâches et les listes de choses à faire. Ces applications vous permettent de définir des priorités, des échéances et des rappels pour rester sur la bonne voie.

Cybersécurité

Alors que vous intégrez de plus en plus de technologies dans vos opérations commerciales, il est essentiel de donner la priorité à la cybersécurité. La protection de vos données et de vos systèmes contre les cybermenaces est essentielle pour maintenir la confiance et assurer la continuité de vos activités. Voici quelques bonnes pratiques :

1. **Utilisez des mots de passe forts** : Créez des mots de passe complexes et suivez-les à l'aide d'un gestionnaire de mots de passe. Des mots de passe forts réduisent le risque d'accès non autorisé.

2. **Activer l'authentification à deux facteurs** : L'authentification à deux facteurs renforce la sécurité de vos comptes. Cette pratique permet de protéger vos comptes même si votre mot de passe est compromis.

3. **Mettez régulièrement à jour vos logiciels** : Maintenez vos logiciels et systèmes à jour pour vous protéger contre les vulnérabilités. Des mises à jour régulières corrigent les failles de sécurité et améliorent les performances du système.

4. **Responsabilisez votre équipe :** Dispensez une formation complète sur les meilleures pratiques en matière de cybersécurité et encouragez une culture de la vigilance. Lorsqu'elle est bien informée, votre équipe devient votre première et plus importante ligne de défense contre les cybermenaces.

Adopter les nouvelles technologies

Le paysage technologique évolue constamment et le fait de se tenir au courant des derniers outils et tendances peut donner à votre entreprise un avantage concurrentiel. Voici quelques conseils pour adopter les nouvelles technologies :

1. **Restez informé** : Suivez l'actualité du secteur, assistez à des conférences et rejoignez des

réseaux professionnels pour vous tenir au courant des technologies émergentes. L'apprentissage continu vous permet d'anticiper les changements et de tirer parti de nouvelles opportunités.

2. **Évaluez vos besoins** : Identifiez les domaines dans lesquels la technologie peut avoir un impact significatif sur votre entreprise. L'évaluation des besoins permet d'investir dans des outils qui répondent à vos défis.

3. **Commencer petit** : tester les nouveaux outils à petite échelle avant de les déployer à l'échelle de l'entreprise. Tester de nouvelles technologies à petite échelle vous permet d'évaluer leur efficacité et de procéder aux ajustements nécessaires.

4. **Demandez l'avis d'un expert** : Consultez des professionnels de l'informatique ou des consultants en technologie pour vous assurer que vous prenez des décisions éclairées. Les conseils d'experts peuvent vous aider à naviguer dans les complexités de l'adoption des technologies.

Tirer parti de la technologie et des outils est essentiel pour maximiser la productivité et l'efficacité de votre entreprise. En automatisant les tâches de routine, en améliorant la communication et la collaboration, en utilisant les données et les analyses, et en adoptant les dernières technologies, vous pouvez rationaliser vos opérations et vous concentrer sur ce qui compte vraiment : la croissance de votre entreprise et la réalisation de vos objectifs.

Chapitre 7 : Trouver un équilibre entre vie professionnelle et vie privée

L'importance de l'équilibre entre vie professionnelle et vie privée

Dans l'effervescence de l'entrepreneuriat, il est facile de se laisser prendre au jeu et d'oublier l'importance de l'équilibre entre vie professionnelle et vie privée. Pourtant, le maintien d'un équilibre sain entre votre vie professionnelle et votre vie personnelle est essentiel à votre réussite et à votre bien-être à long terme. Une vie équilibrée vous aide à rester motivé, réduit le stress et accroît le bonheur.

Parvenir à un équilibre entre vie professionnelle et vie privée ne consiste pas à créer un équilibre parfait chaque jour, mais à procéder à des ajustements constants pour s'assurer que ni votre travail ni votre vie personnelle ne sont négligés. Cet équilibre vous aide à préserver votre santé mentale et physique, à améliorer vos relations et, en fin de compte, à accroître votre productivité.

Reconnaître les signes de déséquilibre

La première étape pour parvenir à un équilibre entre vie professionnelle et vie privée est de reconnaître quand les choses ne sont pas synchronisées. Les signes les plus courants sont la fatigue chronique, la baisse de productivité, l'augmentation du stress, la négligence de la vie personnelle et les problèmes de santé tels que les maux de tête, l'insomnie ou les maladies fréquentes.

Supposons, par exemple, que vous travailliez constamment tard dans la nuit, que vous manquiez des événements familiaux importants ou que vous vous sentiez constamment stressé. Dans ce cas, cela indique clairement que l'équilibre entre votre vie professionnelle et votre vie privée a besoin d'être ajusté. En étant conscient de ces signes, vous pouvez prendre des mesures proactives pour y remédier avant qu'ils ne conduisent à l'épuisement professionnel.

Fixer des limites

L'un des moyens les plus efficaces de parvenir à un équilibre entre vie professionnelle et vie privée consiste à établir des limites claires entre le travail et le temps personnel. Voici quelques conseils pour établir et maintenir ces limites :

1. **Définir les heures de travail** : Fixez des heures de travail précises et respectez-les. Ne travaillez tard dans la nuit ou le week-end que si c'est indispensable. Des horaires de travail clairs vous permettent de délimiter le début et la fin du travail, ce qui facilite la déconnexion.

2. **Créez un espace de travail dédié** : Désignez une zone spécifique pour le travail afin de créer une frontière physique entre le travail et la vie privée. Cette séparation vous aide à faire la transition mentalement entre le travail et le temps personnel.

3. **Communiquez vos attentes** : Informez votre équipe, vos clients et votre famille de votre disponibilité et respectez le temps de chacun. Une communication claire évite les malentendus et donne le ton à une dynamique équilibrée entre vie professionnelle et vie privée.

4. **Se déconnecter numériquement** : Désactivez les notifications professionnelles et évitez de consulter vos courriels en dehors des heures de travail. La déconnexion numérique est essentielle pour permettre à votre esprit de se reposer et de se concentrer sur des activités personnelles.

Priorité à l'autosoin

Prendre soin de soi est essentiel pour maintenir un bon équilibre entre vie professionnelle et vie privée. Accordez la priorité aux activités de soins personnels qui vous aident à vous ressourcer et à rester énergique. Voici quelques pratiques d'autosoins à intégrer dans votre routine :

1. **Faites de l'exercice régulièrement** : L'activité physique contribue à réduire le stress et à augmenter le niveau d'énergie. L'exercice régulier permet de maintenir le corps et l'esprit

en bonne santé, qu'il s'agisse d'un jogging matinal, de yoga ou d'une séance de gymnastique.

2. **Adoptez un régime alimentaire équilibré** : Nourrissez votre corps avec des aliments sains et nutritifs. Une alimentation équilibrée fournit l'énergie et les nutriments nécessaires pour maintenir la productivité et le bien-être.

3. **Dormez suffisamment** : Visez 7 à 8 heures de sommeil de qualité chaque nuit. L'hygiène du sommeil est cruciale pour les fonctions cognitives, la régulation de l'humeur et la santé en général.

4. **Pratiquer la pleine conscience** : Adoptez des pratiques de pleine conscience telles que la méditation, le yoga ou des exercices de respiration profonde. La pleine conscience contribue à réduire le stress et à améliorer la clarté mentale.

5. **Prévoyez des temps d'arrêt** : Consacrez du temps à vos loisirs, à la détente et aux activités qui vous procurent de la joie. Les temps d'arrêt sont nécessaires pour se ressourcer et garder une attitude positive.

Gérer efficacement son temps

Une gestion efficace du temps est essentielle pour parvenir à un équilibre entre vie professionnelle et vie privée. Voici quelques stratégies pour vous aider à gérer votre temps plus efficacement :

1. **Planifiez votre journée** : Commencez chaque journée en planifiant clairement ce que vous devez accomplir. Utilisez des outils tels que des listes de tâches, des calendriers ou des planificateurs. La planification vous aide à hiérarchiser les tâches et à gérer efficacement votre charge de travail.

2. **Hiérarchiser les tâches** : Concentrez-vous sur les tâches prioritaires qui correspondent à vos objectifs et déléguez ou éliminez les activités à faible valeur ajoutée. L'établissement de priorités vous permet de consacrer votre temps à ce qui compte vraiment.

3. **Diviser les tâches en plusieurs parties** : Divisez les tâches importantes en plusieurs parties plus petites et plus faciles à gérer afin d'éviter de vous sentir submergé. En s'attaquant aux petites tâches une par une, les grands projets deviennent plus faciles à gérer.

4. **Utiliser le blocage du temps** : Attribuez des blocs de temps spécifiques à différentes tâches et respectez le calendrier. Cela vous permet de rester concentré et productif tout au long de la journée.

5. **Faites des pauses** : Prévoyez des pauses régulières tout au long de la journée pour vous reposer et vous ressourcer. De courtes pauses permettent d'éviter l'épuisement et de garder de l'énergie.

Accepter la flexibilité

Si la structure et la routine sont essentielles, la flexibilité de votre emploi du temps est cruciale. Les événements inattendus et les défis sont inévitables, et le fait de s'adapter peut vous aider à maintenir l'équilibre. Voici quelques conseils pour rester flexible :

1. **Restez ouvert au changement** : Ajustez vos plans et vos priorités en fonction des besoins. La flexibilité vous permet de répondre à des circonstances imprévues sans vous sentir dépassé.

2. **Évitez le perfectionnisme** : Acceptez que les choses ne se passent pas toujours comme prévu, et c'est normal. Le perfectionnisme peut entraîner un stress inutile et entraver votre capacité d'adaptation.

3. **Apprenez à dire non** : déclinez poliment les demandes ou les opportunités qui ne correspondent pas à vos priorités ou à vos valeurs. En disant non, vous consacrez votre temps et votre énergie à ce qui compte vraiment.

4. **Demandez de l'aide** : N'hésitez pas à demander de l'aide ou à déléguer des tâches si nécessaire. Le soutien des autres peut alléger votre charge et vous aider à maintenir l'équilibre.

Concilier famille et travail

La conciliation de la vie professionnelle et de la vie familiale peut s'avérer particulièrement difficile pour les entrepreneurs ayant une famille. Voici quelques conseils pour harmoniser ces deux aspects de votre vie :

1. **Impliquez votre famille** : Faites part de vos objectifs et de vos défis à votre famille et impliquez-la dans votre parcours. Une communication ouverte les aide à comprendre vos engagements et favorise la compréhension mutuelle.

2. **Temps de qualité** : Tirez le meilleur parti du temps que vous passez avec votre famille en étant pleinement présent et engagé. Le temps de qualité renforce les relations et garantit une vie de famille épanouie.

3. **Fixer des priorités familiales** : Identifiez et hiérarchisez les événements et activités familiaux importants. Le fait de ne pas manquer des moments importants favorise un sentiment d'équilibre et d'harmonie.

4. **Créez des rituels familiaux** : Établissez des traditions ou des rituels familiaux réguliers pour renforcer les liens et créer des souvenirs durables. Les rituels apportent de la cohérence et des liens au milieu d'un emploi du temps chargé.

Maintenir la santé mentale

Votre santé mentale est tout aussi importante que votre santé physique. Voici quelques moyens de maintenir et de soutenir votre bien-être mental :

1. **Demandez l'aide d'un professionnel** : Si vous êtes aux prises avec le stress, l'anxiété ou la dépression, envisagez de demander l'aide d'un professionnel de la santé mentale. Les conseils d'un professionnel peuvent fournir des stratégies et un soutien pour la gestion de la santé mentale.

2. **Restez en contact** : Maintenez des liens sociaux solides avec vos amis, votre famille et vos pairs. Le soutien social est essentiel au bien-être émotionnel et à la résilience.

3. **Pratiquez la gratitude** : Réfléchissez régulièrement à ce dont vous êtes reconnaissant pour favoriser un état d'esprit positif. La pratique de la gratitude peut améliorer l'humeur et la perspective.

4. **Limitez le temps d'écran** : Réduisez le temps passé sur les écrans et les médias sociaux afin de minimiser le stress et les distractions. Limiter le temps d'écran peut améliorer la concentration et le bien-être.

L'équilibre entre vie professionnelle et vie privée est un processus continu qui nécessite des efforts et un engagement délibérés. En tant qu'entrepreneur, vous pouvez créer une vie harmonieuse et épanouissante en fixant des limites, en accordant la priorité aux soins personnels, en gérant efficacement votre temps, en faisant preuve de flexibilité et en préservant votre santé mentale. Le maintien d'une vie équilibrée améliore votre bien-être et contribue à votre réussite professionnelle.

Chapitre 8 : Vaincre la procrastination

Comprendre la procrastination

La procrastination est le tueur silencieux de productivité qui touche tout le monde à un moment ou à un autre. C'est le fait de retarder des tâches qui doivent être accomplies, en optant souvent pour des activités plus agréables ou plus faciles. Comprendre pourquoi nous remettons à plus tard est la première étape pour surmonter la procrastination.

Pourquoi nous remettons à plus tard

La procrastination peut avoir différentes origines, telles que

- **La peur de l'échec** : La crainte de ne pas être performant peut conduire à retarder l'exécution de la tâche.

- **Le perfectionnisme** : Le désir de tout faire à la perfection peut paralyser l'action.

- **L'accablement** : Faire face à une tâche importante ou complexe peut être décourageant et conduire à l'évitement.

- **Manque de motivation** : Ne pas se sentir inspiré ou intéressé par la tâche.

- **Une mauvaise gestion du temps** : Ne pas planifier efficacement peut conduire à remettre des tâches à plus tard.

Comprendre ces causes sous-jacentes peut vous aider à vous attaquer à la racine de votre procrastination plutôt qu'à ses seuls symptômes.

Techniques pour vaincre la procrastination

1. **Diviser les tâches en petites étapes** : Une tâche importante peut être écrasante, ce qui facilite la procrastination. Décomposez-la en étapes plus petites et plus faciles à gérer. Chaque petite étape doit être une action spécifique qui peut être réalisée rapidement. Par exemple, au lieu de "rédiger un rapport", décomposez-le en "créer un plan", "rédiger l'introduction" et "rédiger la première section".

2. **Utilisez la règle des deux minutes** : Faites-le immédiatement si une tâche prend moins de deux minutes. Cette règle simple permet de s'attaquer immédiatement aux petites tâches et de donner de l'élan aux tâches plus importantes.

3. **Fixez des objectifs précis** : Fixez des objectifs clairs et réalisables pour ce que vous devez accomplir. Au lieu d'objectifs vagues comme "travailler sur le rapport", fixez des objectifs spécifiques comme "rédiger l'introduction du

rapport". Cette clarté permet d'agir de manière ciblée.

4. **Créer un espace de travail dédié** : Un espace de travail dédié et exempt de distractions peut considérablement augmenter la productivité. Veillez à ce que votre espace de travail soit organisé, confortable et équipé de tout ce dont vous avez besoin pour travailler efficacement.

5. **Éliminer les distractions** : Identifiez et éliminez les distractions potentielles dans votre environnement. Désactivez les notifications de votre téléphone, fermez les onglets inutiles de votre navigateur et créez un environnement calme pour vous concentrer sur votre travail.

6. **Utilisez des techniques de gestion du temps** : Les techniques de gestion du temps, comme la technique Pomodoro ou le blocage du temps, peuvent vous aider à structurer votre travail et à commencer plus facilement vos tâches. Réglez un minuteur sur 25 minutes, travaillez sur une tâche, puis faites une courte pause. Répétez ce cycle pour rester concentré et productif.

7. **Récompensez-vous** : Encouragez-vous en mettant en place un système de récompense. Après avoir accompli une tâche ou une série de tâches, récompensez-vous avec quelque chose que vous aimez, comme une petite promenade, une friandise ou une pause pour faire quelque chose d'amusant.

8. **Pratiquez l'autocompassion** : Soyez bienveillant envers vous-même lorsque vous vous apercevez que vous procrastinez. Reconnaissez-le sans le juger et redirigez doucement votre attention sur la tâche à accomplir. Un discours négatif sur soi-même peut exacerber la procrastination, c'est pourquoi il est essentiel de conserver un état d'esprit positif.

Exemple : Décomposition d'une tâche

Prenons l'exemple d'Alex, une écrivaine qui travaille sur un roman. Elle remettait souvent à plus tard parce que la tâche lui paraissait trop vaste et intimidante. En divisant la tâche en petites étapes, telles que l'élaboration des grandes lignes des chapitres, la rédaction des biographies des personnages et la rédaction d'une scène à la fois, elle a fait des progrès réguliers et s'est sentie moins accablée. Cette approche l'a aidée à terminer son roman en moins d'un an.

Rester motivé

1. **Visualisez le succès** : Visualisez l'accomplissement de vos tâches et les résultats positifs qui en découleront. Cette imagerie mentale peut stimuler la motivation et vous aider à rester concentré sur vos objectifs.

2. **Trouvez votre raison** : Comprendre les raisons profondes qui sous-tendent vos tâches peut être une source de motivation puissante. Demandez-vous pourquoi chaque tâche est

importante et comment elle s'inscrit dans le cadre de vos objectifs et de vos valeurs.

3. **Partenaires de responsabilisation** : Trouvez un partenaire de responsabilisation qui pourra vous tenir au courant de vos progrès. Le fait de partager vos objectifs et vos échéances avec quelqu'un d'autre peut renforcer votre engagement et votre motivation.

Stratégies à long terme

1. **Développer des habitudes productives** : L'acquisition d'habitudes productives demande du temps et de la constance. Commencez modestement, développez progressivement vos succès et intégrez de nouvelles habitudes dans votre routine quotidienne.

2. **Amélioration continue** : Examinez et évaluez régulièrement vos stratégies de productivité. Identifiez ce qui fonctionne le mieux pour vous et ajustez-le si nécessaire. L'amélioration continue vous permet de rester sur la bonne voie et d'affiner votre approche.

Exemple : Utiliser la responsabilisation pour vaincre la procrastination

John, un entrepreneur, avait du mal à rester sur la bonne voie pour atteindre ses objectifs commerciaux. Il s'est associé à un autre entrepreneur et ils ont convenu de se rencontrer chaque semaine pour discuter de leurs progrès et de leurs difficultés. Ce système de responsabilisation a permis à John de rester concentré et motivé, ce qui a entraîné une croissance significative de son entreprise en l'espace de six mois.

Vaincre la procrastination est un processus continu qui nécessite une prise de conscience, une planification stratégique et des techniques appropriées. En divisant les tâches en petites étapes, en éliminant les distractions, en utilisant des techniques de gestion du temps et en restant motivé, vous pouvez vaincre la procrastination et améliorer votre productivité. N'oubliez pas que l'essentiel est de commencer modestement, de prendre de l'élan et de célébrer vos réussites en cours de route.

Chapitre 9 : Techniques avancées de gestion du temps

Le principe de Pareto (règle des 80/20)

Le principe de Pareto, également connu sous le nom de règle des 80/20, stipule que 80 % de vos résultats proviennent de 20 % de vos efforts. Ce principe peut changer la donne pour les entrepreneurs qui cherchent à maximiser leur productivité et leur efficacité.

Application du principe de Pareto

1. **Identifier les activités à fort impact** : Déterminez les tâches et les activités qui donnent les meilleurs résultats. Concentrez-vous sur ces tâches à fort impact et donnez-leur la priorité dans votre emploi du temps. Par exemple, si les réunions avec les clients et la planification stratégique représentent la majeure partie de vos revenus, consacrez plus de temps à ces activités.

2. **Éliminer ou déléguer les tâches à faible impact** : Identifiez les tâches qui prennent beaucoup de temps mais donnent peu de résultats. Déléguez ou éliminez ces tâches afin de libérer du temps pour des activités plus importantes. Les tâches telles que la saisie de

données de routine ou les travaux administratifs mineurs entrent souvent dans cette catégorie.

3. **Concentrez-vous sur les clients et les projets clés** : Si un petit pourcentage de vos clients ou de vos projets génère la majeure partie de vos revenus, concentrez-vous sur ces domaines critiques pour maximiser vos bénéfices. L'établissement de relations solides avec vos clients les plus rentables peut considérablement stimuler votre activité.

Exemple : Maximiser l'impact avec le principe de Pareto

Maria, une consultante, a appliqué le principe de Pareto en analysant sa clientèle et ses services. Elle a découvert que 20 % de ses clients représentaient 80 % de ses revenus. En se concentrant sur ces clients de grande valeur et en leur offrant des services haut de gamme, Maria a augmenté ses revenus et réduit sa charge de travail.

La technique Pomodoro

La technique Pomodoro est une méthode de gestion du temps qui consiste à travailler de manière brève et ciblée, avec des pauses régulières. Cette technique permet de maintenir des niveaux élevés de productivité et de prévenir l'épuisement professionnel.

Comment utiliser la technique Pomodoro

1. **Fixez un délai de 25 minutes** : Choisissez une tâche et réglez un minuteur sur 25 minutes, ce qui s'appelle un Pomodoro.

2. **Travailler intensément** : Concentrez-vous uniquement sur votre tâche pendant la période Pomodoro. Évitez toute distraction.

3. **Faites une courte pause** : Une fois que le minuteur s'est éteint, faites une pause de 5 minutes pour vous reposer et vous ressourcer.

4. **Répétez le cycle** : Après avoir terminé quatre Pomodoros, faites une pause plus longue de 15 à 30 minutes.

Exemple : La technique Pomodoro

Tom, développeur de logiciels, avait du mal à rester concentré tout au long de la journée. En appliquant la technique Pomodoro, il a divisé son travail en intervalles gérables, ce qui a amélioré sa concentration et sa productivité. Des pauses régulières l'ont aidé à éviter l'épuisement et à rester énergique.

Blocage du temps pour un travail en profondeur

Le travail en profondeur consiste à travailler de manière ciblée et ininterrompue sur des tâches qui requièrent un effort cognitif important. Le blocage du temps pour le travail en profondeur consiste à réserver des blocs de temps spécifiques pour ces tâches à fort impact.

Mise en œuvre de blocs de temps pour le travail en profondeur

1. **Planifiez des séances de travail en profondeur** : Identifiez les moments où vous êtes le plus alerte et programmez des séances de travail approfondi pendant ces périodes. Le

matin tôt ou le soir tard, c'est souvent ce qui convient le mieux à de nombreuses personnes.

2. **Éliminez les distractions** : Pour rester concentré pendant les séances de travail approfondi, créez un environnement sans distractions. Il peut s'agir de désactiver les notifications, d'utiliser un casque anti-bruit ou de travailler dans un endroit calme.

3. **Fixez des objectifs clairs** : Définissez des objectifs spécifiques pour chaque séance de travail approfondi afin d'optimiser votre temps. Des objectifs clairs vous aident à rester concentré et à mesurer vos progrès.

La règle des deux minutes

La règle des deux minutes est une technique de gestion du temps simple mais efficace. Si une tâche prend moins de deux minutes, faites-la immédiatement. Cette règle permet de s'attaquer rapidement aux petites tâches et d'éviter qu'elles ne s'accumulent.

Mise en lot de tâches similaires

La mise en lots consiste à regrouper des tâches similaires et à les réaliser en une seule fois. Cette technique minimise les changements de contexte et augmente l'efficacité.

Exemples de regroupement de tâches

1. **Gestion des courriels** : Fixez des moments précis dans la journée pour vérifier les courriels et y répondre plutôt que de surveiller constamment votre boîte de réception.

2. **Tâches administratives** : Regroupez les tâches administratives courantes telles que l'archivage, la saisie de données ou le suivi des dépenses en un seul bloc de temps.

3. **Travail créatif** : Consacrez des plages de temps ininterrompues à des tâches créatives telles que l'écriture, la conception ou le brainstorming.

La règle 1-3-5

La règle des 1-3-5 est une technique de hiérarchisation qui vous aide à structurer votre liste de tâches quotidiennes. Chaque jour, essayez d'accomplir

- **1 Grande tâche** : Une tâche hautement prioritaire qui nécessite un effort important.

- **3 Tâches moyennes** : Tâches importantes qui prennent moins de temps.

- **5 Petites tâches** : Tâches rapides qui peuvent être accomplies en quelques minutes.

Utiliser la technologie pour améliorer la gestion du temps

La technologie moderne offre de nombreux outils pour vous aider à gérer votre temps plus efficacement. Voici quelques outils populaires et comment les utiliser :

1. **Logiciel de gestion de projet** : Des outils tels que Trello, Asana et Monday.com vous aident à organiser les tâches, à fixer des échéances et à suivre les progrès réalisés. Ces plateformes offrent une vue d'ensemble claire des échéances et des responsabilités liées au projet.

2. **Applications de suivi du temps** : Des applications telles que Toggl et RescueTime surveillent la façon dont vous passez votre temps et fournissent des informations sur votre productivité. Ces outils peuvent vous aider à identifier les activités qui vous font perdre du temps et à améliorer votre concentration.

3. **Applications de concentration** : Des applications comme Forest et Focus@Will vous aident à rester concentré en réduisant les distractions et en créant un environnement productif. Ces applications utilisent des techniques telles que la musique de fond ou la gamification pour améliorer la concentration.

Amélioration continue

La gestion du temps est un processus continu d'apprentissage et d'adaptation. Passez régulièrement en revue vos stratégies de productivité, identifiez ce qui fonctionne le mieux pour vous et procédez aux ajustements nécessaires. L'amélioration continue vous permet de rester sur la bonne voie et d'affiner votre approche.

Exemple : Amélioration continue de la gestion du temps

Sarah, responsable marketing, revoit chaque mois ses stratégies de gestion du temps. Elle analyse ce qui a bien fonctionné et identifie les points à améliorer. En affinant continuellement son approche, Sarah a régulièrement augmenté sa productivité et réduit le stress lié au travail.

Les techniques avancées de gestion du temps, telles que le principe de Pareto, la technique Pomodoro et le travail en profondeur, peuvent améliorer considérablement votre productivité et votre efficacité. En appliquant ces stratégies, vous pouvez vous concentrer sur des tâches à fort impact, maintenir une concentration intense et atteindre vos objectifs plus efficacement. Adoptez ces techniques et voyez votre productivité grimper en flèche et votre niveau de stress diminuer.

Chapitre 10 : Mesurer et ajuster votre approche

Suivi des progrès

Le suivi de vos progrès est essentiel pour améliorer en permanence vos compétences en matière de gestion du temps. Contrôler la façon dont vous utilisez votre temps et évaluer votre productivité vous permet d'identifier les domaines à améliorer et de vous assurer que vous restez en phase avec vos objectifs.

Outils de suivi du temps

Plusieurs outils et applications peuvent vous aider à suivre votre temps et à analyser votre productivité. Voici quelques options populaires :

- **Toggl** : Un outil convivial de suivi du temps qui vous permet d'enregistrer les heures consacrées à diverses tâches et projets.

- **RescueTime** : suit automatiquement le temps que vous passez sur différentes applications et sites web, et fournit des rapports détaillés sur votre productivité.

- **Clockify** : Un outil polyvalent de suivi du temps qui offre des informations détaillées sur la façon dont vous passez votre temps et vous aide à identifier les inefficacités.

- **Récolte** : Combine le suivi du temps avec la facturation et la gestion des dépenses, idéal pour les indépendants et les petites entreprises.

Création d'un registre du temps

La création d'un registre du temps peut être tout aussi efficace si vous préférez une approche manuelle. Voici comment procéder :

1. **Notez vos activités** : Tout au long de la journée, notez chaque tâche ou activité sur laquelle vous travaillez et le temps que vous y consacrez.

2. **Catégoriser les tâches** : Regroupez les tâches similaires, telles que les réunions, le travail administratif, le travail ciblé et les pauses.

3. **Analyser les schémas** : Examinez votre carnet de temps à la fin de la journée ou de la semaine afin d'identifier les schémas et les domaines dans lesquels vous pouvez améliorer votre efficacité.

Évaluation de la productivité

Une fois que vous avez une idée claire de la façon dont vous occupez votre temps, il est essentiel d'évaluer votre productivité. Voici quelques questions à se poser :

- Consacrez-vous suffisamment de temps aux tâches prioritaires ?

- Y a-t-il des tâches ou des activités qui prennent trop de temps sans donner de résultats significatifs ?

- Êtes-vous capable de rester concentré et de minimiser les distractions pendant les séances de travail approfondi ?
- Les pauses et les temps d'arrêt sont-ils suffisants pour permettre le repos et la récupération ?

Exemple : Suivi du temps

John, graphiste, a utilisé Toggl pour suivre ses activités quotidiennes. Il a découvert qu'il consacrait beaucoup de temps à des tâches peu prioritaires telles que la vérification des courriels et la participation à des réunions inutiles. John a augmenté sa productivité en réattribuant son temps pour se concentrer sur des travaux de conception à fort impact et en livrant ses projets plus rapidement.

Adapter son approche

Effectuez les ajustements nécessaires pour optimiser votre stratégie de gestion du temps sur la base de votre suivi du temps et de l'évaluation de votre productivité. Voici quelques étapes à prendre en compte :

1. **Réaffecter le temps** : si certaines tâches prennent trop de temps sans produire de résultats significatifs, envisagez de réaffecter votre temps. Concentrez-vous davantage sur les activités à fort impact et déléguez ou éliminez les tâches à faible valeur ajoutée.

2. **Affiner les blocs de temps** : Ajustez vos blocs de temps en fonction de vos résultats. Si certains blocs sont trop courts ou trop longs, modifiez leur durée pour mieux répondre à vos besoins. Veillez à consacrer du temps au travail

approfondi, aux tâches administratives et aux pauses.

3. **Améliorer la concentration** : si les distractions sont un problème majeur, mettez en œuvre des stratégies pour améliorer la concentration. Il peut s'agir de créer un espace de travail sans distraction, d'utiliser des applications qui favorisent la concentration ou de fixer des limites plus strictes avec les collègues et la famille.

4. **Améliorer l'équilibre entre vie professionnelle et vie privée** : Si vous avez du mal à concilier travail et vie privée, adaptez votre emploi du temps afin d'y inclure davantage de temps personnel et d'activités d'auto-prise en charge. Veillez à ce que votre emploi du temps tienne compte de vos engagements professionnels et personnels.

Examens réguliers

Prenez l'habitude de revoir et d'adapter régulièrement votre stratégie de gestion du temps. Des examens hebdomadaires peuvent vous aider à rester sur la bonne voie et à apporter des améliorations progressives. Voici un processus de révision simple :

1. **Réfléchissez à votre semaine** : Évaluez si vous avez bien géré votre temps et si vous avez atteint vos objectifs.

2. **Identifier les succès et les difficultés** : Notez ce qui a bien fonctionné et ce qui n'a pas fonctionné.

3. **Fixez des objectifs d'amélioration** : Définissez des actions spécifiques que vous pouvez entreprendre pour relever les défis et améliorer votre productivité.

4. **Ajustez votre emploi du temps** : Apportez les modifications nécessaires à votre emploi du temps et à votre programme quotidien pour la semaine à venir.

Exemple : Examens réguliers

Samantha, chef de projet, prend 30 minutes chaque vendredi après-midi pour faire le bilan de sa semaine. Elle évalue ses réalisations, identifie les points à améliorer et ajuste son emploi du temps pour la semaine suivante. Cette pratique a aidé Samantha à rester organisée, à respecter les délais et à améliorer continuellement ses compétences en matière de gestion du temps.

Accepter la flexibilité

S'il est important d'avoir une stratégie structurée de gestion du temps, la flexibilité est tout aussi cruciale. La vie est imprévisible et des événements inattendus peuvent perturber votre emploi du temps. Faites preuve de flexibilité :

1. **Prévoir une période tampon** : prévoyez une période tampon dans votre emploi du temps pour faire face aux tâches imprévues ou aux retards. Cette flexibilité permet de s'assurer que le calendrier reste réaliste et gérable.

2. **S'adapter** : Être prêt à ajuster ses plans et ses priorités en fonction des besoins sans se sentir stressé ou débordé.

3. **Rester positif** : Gardez un état d'esprit positif et considérez les défis comme des opportunités de croissance et d'amélioration.

Exemple : Flexibilité dans la gestion du temps

Alex, fondateur d'une startup, a intégré une période tampon dans son emploi du temps quotidien. Lorsqu'un problème majeur survenait à l'improviste chez un client, il le réglait sans prendre de retard sur les autres tâches. Cette flexibilité lui a permis non seulement d'assurer le bon fonctionnement de son entreprise, mais aussi de réduire son stress.

Mesurer et ajuster votre approche de la gestion du temps est essentiel pour une amélioration continue. En suivant vos progrès, en évaluant votre productivité et en procédant aux ajustements nécessaires, vous pouvez optimiser votre stratégie de gestion du temps et atteindre vos objectifs plus efficacement. La gestion du temps est un processus continu, et des examens réguliers vous permettent de rester sur la bonne voie et d'affiner votre approche.

Chapitre 11 : Stratégies de gestion du temps à long terme

Développer des habitudes productives

Les habitudes productives sont la pierre angulaire d'une gestion du temps réussie à long terme. Les habitudes sont des comportements que nous exécutons automatiquement, sans y penser consciemment. En développant des habitudes productives, vous pouvez rationaliser votre routine quotidienne et garantir une progression constante vers vos objectifs.

Étapes à suivre pour développer des habitudes productives

1. **Commencez par de** petits changements : commencez par de petits changements faciles à gérer et à intégrer dans votre routine quotidienne. Les petites habitudes sont plus faciles à établir et à maintenir. Par exemple, si vous voulez lire davantage, commencez par 10 minutes par jour plutôt que de vous engager pour une heure.

2. **Soyez cohérent** : La constance est la clé de la formation d'une habitude. Essayez de prendre

votre nouvelle habitude à la même heure et au même endroit tous les jours. Avec le temps, la répétition contribuera à ancrer l'habitude dans votre routine.

3. **Utilisez des déclencheurs** : Identifiez les éléments déclencheurs de votre nouvelle habitude. Par exemple, pour prendre l'habitude de faire de l'exercice tous les jours, utilisez votre alarme matinale pour commencer votre séance d'entraînement.

4. **Suivez vos progrès** : Tenez un carnet de suivi des habitudes ou un journal pour surveiller vos progrès et rester motivé. Le fait de voir vos progrès peut renforcer votre engagement. Des applications comme Habitica ou Streaks peuvent vous aider à visualiser votre parcours d'acquisition d'habitudes.

5. **Récompensez-vous** : Récompensez-vous immédiatement lorsque vous avez pris vos habitudes. Il peut s'agir d'une courte pause, d'une friandise saine ou d'un moment de détente. Le renforcement positif vous encourage à conserver vos habitudes.

Exemple : Prendre l'habitude de lire

Tom voulait lire davantage, mais il avait besoin d'aide pour trouver le temps. Il a commencé par lire 10 minutes avant de se coucher chaque soir. Au bout d'un mois, il est passé à 20 minutes. En faisant preuve de constance et en suivant ses progrès, Tom a fait de la lecture une habitude quotidienne, ce qui lui a permis d'élargir considérablement ses connaissances et de réduire son stress.

Maintenir un état d'esprit positif

Un état d'esprit positif est essentiel pour maintenir la productivité et surmonter les difficultés. Voici quelques stratégies pour cultiver et maintenir un état d'esprit positif :

1. **Pratiquez la gratitude** : Le fait de réfléchir régulièrement à ce dont vous êtes reconnaissant peut stimuler votre humeur et améliorer votre vision d'ensemble. Envisagez de tenir un journal de gratitude dans lequel vous noterez chaque jour trois choses pour lesquelles vous êtes reconnaissant.

2. **Se concentrer sur la croissance** : Adoptez un état d'esprit de croissance en considérant les défis et les échecs comme des opportunités d'apprentissage et de croissance. Considérez les erreurs comme faisant partie du processus d'apprentissage et utilisez-les pour améliorer vos compétences et vos stratégies.

3. **Entourez-vous de positivité** : Entourez-vous d'influences positives, notamment d'amis, de membres de votre famille et de mentors qui vous soutiennent. Participez à des activités qui vous apportent de la joie et de l'épanouissement et limitez votre exposition aux influences négatives.

Exemple : Maintenir un état d'esprit positif

Emma, une entrepreneuse, a été confrontée à de nombreux échecs dans son entreprise. Au lieu de se décourager, elle s'est concentrée sur ce qu'elle pouvait apprendre de chaque échec. En gardant un état d'esprit de croissance et en pratiquant la gratitude, Emma est restée motivée et a finalement réussi à redresser son entreprise.

Amélioration continue

L'amélioration continue consiste à rechercher en permanence des moyens d'accroître votre productivité et votre efficacité. Cet état d'esprit vous permet d'évoluer en permanence et de vous adapter aux nouveaux défis et aux nouvelles opportunités.

1. **Révisez régulièrement vos objectifs** : Revoyez périodiquement vos objectifs à long terme pour vous assurer qu'ils restent pertinents et conformes à vos valeurs et à vos aspirations. Ajustez vos objectifs si nécessaire pour tenir compte de l'évolution de vos priorités et de votre situation.

2. **Cherchez à obtenir un retour d'information** : Sollicitez l'avis de vos pairs, de vos mentors et de vos collègues pour mieux connaître vos points forts et les domaines à améliorer. Un retour d'information constructif peut offrir des perspectives précieuses et vous aider à affiner vos stratégies.

3. **Investir dans l'apprentissage** : Engagez-vous à apprendre tout au long de votre vie en investissant régulièrement dans votre développement personnel et professionnel. Participez à des ateliers, lisez des livres, suivez des cours en ligne et tenez-vous au courant des tendances et des meilleures pratiques du secteur.

Exemple : Amélioration continue

David, chef de projet, consacrait chaque mois du temps à l'examen de ses performances et à la recherche d'un retour d'information de la part de son équipe. Cette pratique l'a aidé à identifier les domaines à améliorer et à mettre en œuvre de nouvelles stratégies, ce qui a permis d'améliorer les résultats des projets et de renforcer la cohésion de l'équipe.

Se concentrer sur les activités à haute valeur ajoutée

Donnez la priorité aux activités de grande valeur qui contribuent de manière significative à vos objectifs et à votre réussite globale. En vous concentrant sur les tâches qui ont le plus d'impact, vous obtiendrez de meilleurs résultats avec moins d'efforts.

1. **Identifiez vos périodes les plus productives** : Déterminez le moment où vous êtes le plus productif et programmez les activités à forte valeur ajoutée pendant ces périodes. Que vous soyez du matin ou du soir, le fait d'aligner vos tâches sur vos périodes de productivité maximale peut améliorer votre efficacité.

2. **Déléguer et externaliser** : Déléguez ou externalisez les tâches de faible valeur qui vous prennent du temps et de l'énergie. Concentrez-vous sur les activités qui tirent parti de vos compétences et de votre expertise uniques et confiez à d'autres les tâches routinières ou spécialisées.

Exemple : Se concentrer sur les activités à haute valeur ajoutée

Lisa, chef d'entreprise, s'est rendu compte que sa période la plus productive se situait tôt le matin. C'est à ce moment-là qu'elle planifie ses réunions stratégiques et ses sessions de planification les plus importantes. En déléguant les tâches administratives à son assistante, Lisa a pu se concentrer sur les activités à fort impact qui ont favorisé la croissance de son entreprise.

Concilier travail et vie privée

Le maintien d'un bon équilibre entre vie professionnelle et vie privée est essentiel pour la productivité et le bien-être à long terme. Voici quelques stratégies pour atteindre et maintenir cet équilibre :

1. **Fixer des limites** : Établissez des limites claires entre le travail et le temps personnel. Communiquez ces limites à votre équipe et à votre famille, et respectez-les afin d'avoir du temps pour vos activités professionnelles et personnelles.

2. **Accordez la priorité aux soins personnels** : Faites de vos soins personnels un élément non négociable de votre routine. L'exercice régulier, une alimentation saine, un sommeil adéquat et la relaxation sont essentiels au maintien de la santé physique et mentale.

3. **Prévoyez des temps d'arrêt** : Prévoyez intentionnellement des temps d'arrêt pour vous détendre et vous adonner à des activités de loisirs. Des pauses et des vacances régulières peuvent prévenir l'épuisement professionnel et vous permettre de rester énergique et motivé.

Exemple : Concilier vie professionnelle et vie privée

Mark, fondateur d'une startup, avait du mal à concilier vie professionnelle et vie privée. Il s'imposait des horaires de travail stricts et veillait à ce que les week-ends soient réservés à la famille. En donnant la priorité aux soins personnels et en prévoyant des temps de repos réguliers, Mark a amélioré son bien-être et est devenu plus productif au travail.

Accepter la flexibilité

Si la structure et la routine sont importantes, la flexibilité est tout aussi cruciale pour une réussite à long terme. La vie est imprévisible et la capacité d'adaptation peut vous aider à relever des défis et à saisir des opportunités inattendues.

1. **Prévoyez des périodes tampons** : prévoyez des périodes tampons dans votre emploi du temps pour faire face aux tâches imprévues ou aux retards. Cette flexibilité permet de s'assurer que votre programme reste réaliste et gérable.

2. **S'adapter au changement** : Soyez ouvert à l'idée d'ajuster vos plans et vos priorités si nécessaire. Considérez le changement comme une opportunité de croissance et d'amélioration plutôt que comme une perturbation.

Exemple : Accepter la flexibilité

Anna, rédactrice indépendante, a intégré une période tampon dans son emploi du temps quotidien. Lorsqu'elle reçoit une demande de dernière minute d'un client, elle peut y répondre sans prendre de retard sur ses autres tâches. Cette flexibilité lui permet non seulement d'assurer le bon fonctionnement de son entreprise, mais aussi de réduire son stress.

Les stratégies de gestion du temps à long terme se concentrent sur le développement d'habitudes productives, le maintien d'un état d'esprit positif et la recherche constante d'améliorations. Vous pouvez atteindre une productivité et une réussite durables en donnant la priorité à des activités de grande valeur, en équilibrant le travail et la vie privée et en faisant preuve de flexibilité. N'oubliez pas que la gestion du temps est un processus continu et que votre engagement à respecter ces principes vous permettra de continuer à vous développer et à prospérer.

Conclusion

La maîtrise de la gestion du temps est essentielle à la réussite entrepreneuriale et au bien-être général. Il ne s'agit pas de devenir une machine à productivité parfaite, mais de trouver un équilibre qui vous permette d'atteindre vos objectifs tout en profitant de votre vie. Il s'agit d'être attentif à son temps, de faire des choix conscients et d'affiner continuellement son approche.

Le parcours de la gestion du temps

La gestion du temps est un voyage permanent. Il y aura des jours où tout se mettra en place et d'autres où rien ne semblera aller. L'essentiel est de rester engagé, de continuer à apprendre et d'être indulgent avec soi-même tout au long du chemin. Célébrez vos réussites, tirez les leçons de vos difficultés et continuez à aller de l'avant.

Étapes pratiques pour mettre en œuvre ce que vous avez appris

Maintenant que vous avez acquis une multitude de stratégies et de techniques de gestion du temps, il est temps de les mettre en pratique. Voici quelques mesures pratiques que vous pouvez prendre pour mettre en œuvre ce que vous avez appris :

1. **Commencez modestement** : choisissez une ou deux stratégies sur lesquelles vous vous concentrerez dans un premier temps. Incorporez

progressivement d'autres techniques au fur et à mesure que vous vous sentez à l'aise. Par exemple, commencez par bloquer le temps et ajoutez progressivement la technique Pomodoro.

2. **Créez un plan quotidien** : Commencez chaque journée en planifiant clairement vos objectifs. Utilisez le blocage du temps pour allouer du temps à chaque tâche. Ce plan doit s'aligner sur vos objectifs à long terme et donner la priorité aux activités à fort impact.

3. **Fixez des objectifs clairs** : Définissez vos objectifs à court et à long terme. Utilisez des techniques de hiérarchisation pour vous concentrer sur les activités à fort impact. Veillez à ce que vos objectifs soient SMART (spécifiques, mesurables, réalisables, pertinents et limités dans le temps).

4. **Suivez vos progrès** : Utilisez des outils de suivi du temps ou un journal de bord pour contrôler votre utilisation du temps et identifier les domaines à améliorer. Examinez régulièrement vos progrès pour vous assurer que vous restez sur la bonne voie et que vous faites les ajustements nécessaires.

5. **Réviser et ajuster** : Revoyez régulièrement votre stratégie de gestion du temps, évaluez votre productivité et procédez aux ajustements nécessaires. L'amélioration continue est essentielle pour s'adapter aux nouveaux défis et affiner votre approche.

6. **Cherchez du soutien** : Trouvez un partenaire de responsabilisation, un mentor ou un groupe de soutien pour vous aider à rester motivé et sur la bonne voie. Le fait de partager vos objectifs et vos progrès avec quelqu'un d'autre peut renforcer votre engagement et vous apporter un retour d'information précieux.

7. **Restez flexible** : Soyez prêt à ajuster vos plans et vos priorités si nécessaire. Acceptez le changement comme une opportunité de croissance. La flexibilité vous permet de vous adapter aux événements inattendus sans vous sentir dépassé.

Le marathon de la gestion du temps

N'oubliez pas que le chemin vers une meilleure gestion du temps est un marathon, pas un sprint. Il exige de la patience, de la persévérance et la volonté d'apprendre et de progresser. Chaque étape franchie vous rapproche de la maîtrise de l'art de la gestion du temps.

En intégrant ces stratégies dans votre routine quotidienne, vous atteindrez vos objectifs entrepreneuriaux et trouverez une plus grande satisfaction dans votre vie personnelle. Une gestion efficace du temps vous permet de vous concentrer sur ce qui compte vraiment, de réduire le stress et d'améliorer votre qualité de vie en général.

Réflexions finales

Tout au long de votre parcours, n'oubliez pas que la gestion du temps est un outil qui vous aide à mener une vie plus épanouissante et plus équilibrée. Il s'agit de tirer le meilleur parti de votre temps afin de réaliser vos rêves et d'apprécier le chemin parcouru.

Merci d'avoir entrepris ce voyage vers une meilleure gestion du temps. Que votre chemin soit rempli de productivité, d'équilibre et de succès. Restez engagé, continuez à apprendre et appréciez le processus.

Merci de votre attention

Ce livre n'est que le début de votre voyage vers la maîtrise de la gestion du temps. Continuez à explorer, à apprendre et, surtout, à vous développer. Votre temps est précieux et la façon dont vous choisissez de l'utiliser peut faire toute la différence dans votre réussite et votre bonheur. Nous vous souhaitons un avenir où vous maîtriserez votre temps et vivrez votre meilleure vie.

Je vous remercie de m'avoir accompagné dans ce voyage vers la maîtrise de la gestion du temps. J'espère que ce livre vous a apporté les connaissances et la confiance dont vous avez besoin pour prendre le contrôle de votre temps et atteindre vos objectifs.

J'ai pris beaucoup de plaisir à écrire "Time Hacking for Entrepreneurs", et j'espère que vous avez pris plaisir à le lire. Si c'est le cas, n'hésitez pas à vous connecter et à laisser un commentaire. Vos commentaires sont précieux pour moi et j'ai hâte de les lire.

Je vous souhaite tout le succès possible dans vos projets d'entreprise et au-delà.

Alex

Laissez votre avis ici ou scannez le code :

Annexe : Ressources et références

Références

Cal Newport, **"Deep Work : Rules for Focused Success in a Distracted World"**.

James Clear, **"Atomic Habits : Une méthode simple et éprouvée pour acquérir de bonnes habitudes et se débarrasser des mauvaises"**.

Gary Keller et Jay Papasan, **"The One Thing : The Surprisingly Simple Truth Behind Extraordinary Results"**.

Greg McKeown, **"Essentialism : La poursuite disciplinée de moins"**.

David Allen, **"Getting Things Done : L'art de la productivité sans stress.**

Outils et applications

Suivi du temps : Toggl, RescueTime, Clockify, Harvest

Gestion de projet : Trello, Asana, Monday.com

Focalisation et concentration : Forêt, Focus@Will

Prise de notes : Evernote, OneNote

Modèles et feuilles de travail
Agenda quotidien

Date : _____

Priorités absolues

1._____

2._____

3._____

Routine du matin

Heure : _____ - _____

Activités : _____

Blocs de temps :

        Notes sur les tâches/activités

|_:_ AM -_:_ AM |_____

|_:_ AM -_:_ AM |_____

|_:_ AM -_:_ PM |_____

|_:_ PM -_:_ PM |_____

|_:_ PM -_:_ PM |_____

|_:_ PM -_:_ PM |_____

|_:_ PM -_:_ PM |_____

|_:_ PM -_:_ PM |_____

Liste des choses à faire

- [ ] _____
- [ ] _____
- [ ] _____
- [ ] _____
- [ ] _____

Routine du soir

- Heure : _____ - _____
- Activités : _____

Notes

_____
_____
_____

Réflexions

1. Qu'est-ce qui s'est bien passé aujourd'hui ?

- _____

- _____

2. Qu'est-ce qui pourrait être amélioré ?

- _____

- _____

Feuille d'évaluation hebdomadaire

Semaine du : _____ à _____

Réflexion sur la semaine écoulée

1. Quelles ont été vos principales réalisations cette semaine ?

- _____
- _____
- _____

2. Quels sont les défis auxquels vous avez été confrontés ?

- _____
- _____
- _____

3. Comment avez-vous surmonté ces difficultés ?

- _____
- _____
- _____

4. Quelles sont les tâches que vous n'avez pas accomplies ? Pourquoi ?

- _____
- _____
- _____

Examen de la gestion du temps

1. Avez-vous pu respecter les plages horaires prévues ?

   - Oui / Non

Commentaires :
_____

2. Quels sont les blocs de temps les plus productifs ?

- _____

- _____

3. Quels sont les blocs de temps les moins productifs ?

- _____

- _____

Objectifs pour la semaine à venir

Les 3 principaux objectifs de la semaine

1. _____
2. _____
3. _____

Tâches clés pour atteindre ces objectifs

Objectif 1 :   Objectif 2 :   Objectif 3 :
_____   _____   _____

Tâche 1 :   Tâche 2 :   Tâche 3 :
_____   _____   _____

Plan d'amélioration

1. Quelles stratégies allez-vous mettre en œuvre pour améliorer votre productivité la semaine prochaine ?

- _____

- _____

2. Comment allez-vous relever les défis auxquels vous avez été confronté cette semaine ?

- _____

- _____

3. Quelles nouvelles habitudes allez-vous essayer d'adopter ?

- _____

- _____

Réflexion personnelle

1. De quoi êtes-vous reconnaissant cette semaine ?

- _____

- _____

2. Qu'avez-vous appris cette semaine ?

- _____

- _____

3. Que ferez-vous pour prendre soin de votre bien-être la semaine prochaine ?

- _____

- _____

Notes

Modèle de définition des objectifs

Nom : _____

Date : _____

Objectifs à court terme (dans les 3 à 6 mois)

Objectif 1

- Description : _____
- Date limite : _____
- Pourquoi est-ce important ? _____

Les étapes pour y parvenir :

1. _____
2. _____
3. _____
4. _____

Suivi des progrès :

- Date de début : _____

Jalons :

- Jalon 1 : _____ (échéance : _____)
- Étape 2 : _____ (échéance : _____)
- Étape 3 : _____ (échéance : _____)
- Date d'achèvement : _____

Objectif 2

- Description : _____

- Date limite : _____

- Pourquoi est-ce important ? _____

Les étapes pour y parvenir :

1. _____

2. _____

3. _____

4. _____

Suivi des progrès :

- Date de début : _____

Jalons :

- Jalon 1 : _____ (échéance : _____)

- Étape 2 : _____ (échéance : _____)

- Étape 3 : _____ (échéance : _____)

- Date d'achèvement : _____

Objectifs à long terme (1 an ou plus)

Objectif 1

- Description : _____
- Date limite : _____
- Pourquoi est-ce important ? _____

Les étapes pour y parvenir :

1. _____
2. _____
3. _____
4. _____

Suivi des progrès :

- Date de début : _____

Jalons :

- Jalon 1 : _____ (échéance : _____)
- Étape 2 : _____ (échéance : _____)
- Étape 3 : _____ (échéance : _____)
- Date d'achèvement : _____

Objectif 2

- Description : _____

- Date limite : _____

- Pourquoi est-ce important ? _____

Les étapes pour y parvenir :

1. _____
2. _____
3. _____
4. _____

Suivi des progrès :

- Date de début : _____

Jalons :

- Jalon 1 : _____ (échéance : _____)
- Étape 2 : _____ (échéance : _____)
- Étape 3 : _____ (échéance : _____)
- Date d'achèvement : _____

Bilan et réflexion

1. Quels progrès avez-vous accomplis dans la réalisation de vos objectifs ce mois-ci ?

- _____

- _____

2. Quels sont les défis auxquels vous avez été confronté ? Comment les avez-vous surmontés ?

- _____

- _____

3. Quelles mesures allez-vous prendre le mois prochain pour vous rapprocher de vos objectifs ?

- _____

- _____

4. Comment ces objectifs s'inscrivent-ils dans votre vision et vos valeurs à long terme ?

- _____

- _____

Notes

_____

_____

_____

_____

A propos de l'auteur

Alex Bradley est une entrepreneuse expérimentée et une stratège financière qui sait naviguer dans le monde imprévisible des activités secondaires et des revenus variables. Elle est un investisseur immobilier dévoué et un défenseur de la littératie financière et de l'autonomisation. Lorsqu'elle ne travaille pas, elle aime passer du temps avec sa famille, jardiner et voyager.